LETTRES

ECRITES

DE MADRID

En M. DCC. XXVII.

Sur l'Estat présent de la Monarchie
d'Espagne, où l'on y décrit en Sections les quatorze Royaumes ou
Provinces qui la composent.

A BEZIERS,

Chez Estienne Barbut, Imprimeur
du Roy & Marchand Libraire.

Avec Permission.

AVERTISSEMENT.

POUR donner au Public une juste idée de cet Ouvrage, il suffit de dire que les huit Lettres & Sections qu'il contient, sont très-curieuses en elles-mêmes : On y trouve l'essentiel de tout ce qui regarde la Monarchie d'Espagne. Le Lecteur auroit tort d'en mal juger sur sa brieveté : On ne peut pas ignorer ce que „ dit Monsieur Fléchier , * que „ ceux qui écrivent le plus , ne „ sont pas ceux qui écrivent le „ mieux : Un mauvais Peintre „ fait plus de Tableaux dans un „ mois, qu'un bon n'en fait dans „ trois : Les Anciens , dit cet „ Auteur , ont toûjours eû en „ consideration l'Histoire, atten- „ du qu'elle est aussi ancienne que

* Dans ses Lettres Choisies Imprimées à Lion, en deux tomes, en 1715.

,,la valeur & le merité ; fi l'on
,,avoit aujourd'hui le même foin,
,,nous ne verrions pas tant de
,,Livres inutiles, tant d'Hiftoires
,,mortes, &s de Memoires, qui
,,comme des Corps fans Ame,
,,n'infpirent, & ne donnent au-
,,cun éclaircissement, & ne va-
,,lent guere mieux que ces Ga-
,,zettes froides & ennuyeufes,
,,qui font des perfecutions qui fe
,,font toutes les Semaines.

On ne s'étend pas davantage
fur cet Avertiffemenr, il suffit d'y
avoir donné une jufte idée des
Lettres que l'on publie ; c'eft au
Lecteur, maintenant à en juger lui-
même. Quelques faits que l'Auteur avance, l'Ami François, n'eft
garant que de ceux qu'on trouvera
veritables ; il confent qu'on le
contredife fur tous les autres,
prêt de fe condamner foi-même
dès qu'on le fera appercevoir, que
fon Ami Efpagnol s'eft trompé,

LETTRES

ECRITES DE MADRID,

TOUCHANT L'ESTAT PRESENT

DE LA MONARCHIE

D'ESPAGNE.

LETTRE PREMIERE.

Qui traité du Caractere des Espagnols, de la situation de la Ville de Madrid, & des Equipages qu'on y voit.

MONSIEUR,

Je ne pouvois commencer plus agréablement cette année, que vous avez la bonté de me souhaitter heureuse; que par la nouvelle que vous me donnez de votre arrivée

en la Province de Languedoc; la longueur de
votre voyage d'Italie m'avoit donné quelque crainte, & mes vœux vous ont ac-
compagné juſqu'au lieu de votre repos,
où je vous y ſouhaitte une ſanté par-
faite, & des proſperitez, plûtôt agréables
qu'utiles : Quant à ce que vous me demandez touchant des nouvelles d'Eſpagne, je vous inſtruirai regulierement tous
les mois *ſur les differens Etats qui diſtin-
guent les Perſonnes qui compoſent cette Cour;*
pour le faire avec quelque ordre, je commence par celle-ci, *à vous parler du caractere
des Eſpagnols, de la ſituation de la Ville de
Madrid, & quels ſont les Equipages des
Grands - Seigneurs qu'on voit dans cette
Ville.* Quant au Caractere des Eſpagnols,
je vous dirai, comme ils ont toûjours paſſé
pour être fiers; cette gloire eſt mêlée de
gravité; ils ſont braves ſans être teme-
raires; ils ſont vindicatifs ſans faire paroître d'emportement; liberaux ſans oſtenta-
tion; ſobres pour le manger & le boire :
ils adorent les Femmes; ils les reſpectent,
& ils ſont ſi fort prévenus en leur faveur,
que l'eſprit n'a point aſſez de part au
choix de leurs Maîtreſſes; du reſte, Gens
d'honneur & tenant leur parole au peril
de leur vie : ils ont beaucoup d'eſprit & de
vivacité; comprennent facilement; s'ex-
pliquent de même, & en peu de paroles :
ils ont de la grandeur d'ame, d'élevation

d'efprit ; ils font prudens ; jaloux fans me-
fure ; defintereffez, peu économes, & fort
Catholiques. A l'égard de leurs Perfonnes,
ils font fort maigres, petits, de taille fine ;
la tête belle, les traits reguliers ; les yeux
beaux, les dents auffi bien rangées ; le
teint jaune & bazané ; ils aiment d'avoir
la jambe groffe & le pied petit : ils marchent légerement : les talons de leurs fou-
liers font fort bas, ils fe font une étude de
conferver leurs cheveux, ils les portent
toûjours, & ils les préferent aux perru-
ques : ils font pour le prefent habillez à
la Françoife ; & je dois vous dire que depuis la *Pragmatique* (c'eft ainfi qu'ils appellent les Edits de Reformation) les habits
qu'ils portent font tous unis fans galon
d'or ni d'argent, ti broderie d'or, comme ils
portoient il y a dix ans ; la plûpart du tems
ils fe mettent en habit noir avec un manteau de Frife noir, & portent un Golille ;
les Grands Seigneurs, portent en hiver,
aux jours de Ceremonie, des habits de
Velours noir, avec un Manteau de même,
& en efté, de Damas ou de Taffetas noir.
Quant à la fituation de la Ville de Madrid, je vous dirai, comme tout le Païs
des environs eft fec, & fort découvert ; vous
voyez à peine un arbre de quelque côté
que la vûë puiffe s'étendre : La Ville eft
fituée au milieu de l'Efpagne dans la Nouvelle Caftille ; il y a plus d'un fiécle que

les Rois d'Efpagne la choifirent pour y
tenir leur Cour à caufe de la pureté de
l'air & de la bonté des eaux; qui , en
effet font très-bonnes. Les Efpagnols pré-
tendent que le Fondateur de Madrid étoit
un Prince nommé *Ogno Bianor* , fils de
Teberino , Roi des Latins , & de *Manto* ,
qui étoit une Reine fort célèbre pour la
Science de l'Aftrologie , qu'elle poffedoit
merveilleufement.

L'on remarque que Madrid doit être au
cœur de l'Europe , parceque la petite Ville
de *Pinto* , qui n'eft éloignée que de trois
lieuës , s'appelle en Latin, *Punctum* , &
qu'elle eft au centre de l'Europe.

La Ville de Madrid n'eft pas entourée
de murailles , ni de foffez ; les portes , pour
ainfi dire, fe ferment au loquet ; il n'y a
aucun endroit de défenfe , ni Château ; les
Montagnes qui l'environnent lui fervent
de défenfe , & l'on paffe dans des endroits
de ces Montagnes , que l'on peut fermer
avec un quartier de Roche , & empêcher
avec cent hommes , le paffage à toute une
Armée : les Ruës font longues & droites ,
d'une fort belle largeur ; mais il ne fe peut
rien voir de plus mal pavé ; quelque doucement que l'on aille en Caroffe , l'on eft
roüé de cahots ; il y a des ruiffeaux & des
boües plus qu'en Ville du monde ; les Mules ou les Chevaux en ont toûjours jufqu'aux
fangles ; les Caroffes paffent toûjours au mi-

lieu dès Ruës ; les Mules ou Chevaux qui y
font attelez, femblent marcher à pas comptez.

Il n'y a que les Grands Seigneurs ou les
TITULADOS, qui puiffent aller dans la
Ville avec quatre Mules , ou quatre Chevaux attelez avec les *Tiros-largos*, qui font
de longs traits de foye qui attachent les
derniers Chevaux aux premiers ; & quand
un Caroffe eft attelé de cette maniere, fon
attiral tient prefque une Ruë : l'Imperiale eft
fort baffe ; le Cocher eft monté fur une
des Mules, ou un des Chevaux de devant,
afin qu'ils n'entendent pas ce que les Maîtres difent dans le corps du Caroffe : les
traits qui font de foye, font extrême-
ment longs, car d'une Mule à l'autre, il
y a plus de trois aunes ; & l'on eft furpris
de ce qu'ils ne fe rompent pas en campagne, attendu qu'ils marchent bien vîte,
comme bien doucement par la Ville.

Les Grands Seigneurs fe fervent toûjours
d'un Poftillon : ils ont un Palfrenier qui va
à pied, & qui fe tient au prés des Mules
ou des Chevaux, pour empêcher qu'ils ne
s'embarraffent les pieds dans leurs longs
traits, & il ne porte point d'épée comme
les Laquais. Les Gentilshommes & les Pages vont toûjours dans un Caroffe de fuite ;
ceux-ci font habillez de noir en toutes
faifons ; ils ont en hiver un habit de Velours,
avec des Manteaux de Drap affez longs, qu'ils
traînent à terre , lorfqu'ils font en deüil

ils ne portent point d'épée tant qu'ils sont
Pages : ils sont en esté, vêtus de Damas ou
de Taffetas noir, avec des Manteaux d'une
étoffe de laine noire fort légere.

La plûpart des Laquais sont vêtus de
bleu ou de vert ; leurs habits sont dou-
blez de bleu ; leurs manches sont de Velours, ou de Damas, ou de Satin cizelé :
ils ne portent sur leurs habits ni galon ni boutonnieres houpées ; ils n'ont
aucune chamarreure. Dès-que les Grands
Seigneurs ou les TITULADOS sont sortis
de la Ville, ils peuvent mettre six Mules,
ou six Chevaux à leurs Carosses ; & si une
Personne qui ne seroit point distinguée,
vouloit aller de même, quelque riche qu'elle fût, on lui feroit l'insulte en pleine Ruë,
de lui couper ses traits, & de lui faire
payer une grosse amende : il ne suffit pas
ici d'être riche, il faut pour aller dans ces
sortes de Carosses, être proche parent de
quelque Grand Seigneur ou d'un TITULADO.

Le Roi seul a six Mules à son Carosse,
& six à ses Carosses de Suite ; ils ne sont
pas semblables aux autres, & on les distingue, parcequ'ils sont couverts d'une
toile verte & ronds par-dessus comme les
grands Coches de France, & ont des
portieres qui s'abaissent ; cette maniere de
faire des Carosses en Espagne, étoit en
usage avant Charles-Quint : ceux de ce
Grand Empereur étoient pareils ; c'est à

son imitation que tous les Rois qui ont
Regné depuis, n'en veulent pas avoir d'autres ; il faut bien qu'il y ait quelques rai-
sons très - fortes, car il ne laisse pas d'y
avoir en Espagne, des Carosses les plus
beaux du monde, les uns faits en France,
les autres en Italie & ailleurs ; les Grands
Seigneurs en ont aussi de magnifiques ;
mais à l'exemple du Roi, ils ne les font
pas sortir quatre fois l'année.

Tous les Carosses se mettent dans des
grandes Cours où il y a des Remises fer-
mées, l'on en voit jusqu'à deux cens dans
un seul endroit, il y a plusieurs de ces Cours
à chaque quartier de Ville, & ce qui fait
qu'on envoye les Carosses hors de chez
soy, c'est qu'on n'a pas des Remises, &
que les Maisons n'ont ni Cours, ni Portes
Cocheres, l'on a ordinairement dans toutes
les Maisons des Grands Seigneurs, ou des
Titulados, dix ou douze grandes pieces de
plain-pied ; il y en a dans quelques unes
jusqu'à vingt, & même davantage ; ils ont
leur appartement d'Esté & d'Hyver, & souvent celui de l'Autonne & du Prin-tems.
Les Maisons à Madrid y sont fort belles,
spatieuses & commodes, quoiqu'elles ne
soient bâties que de Terre & de Brique ;
on les trouve pour le moins aussi cheres
qu'à Paris, attendu le grand peuple qu'il
y a, le prémier Estage qu'on éleve appartient au Roy, il peut le loüer & le vendre

à moins que le Proprietaire de la Maison
ne l'achete, ce qu'il fait presque toûjours;
& c'est un revenu très-considerable pour
le Roy. Les Eglises dans Madrid y sont
belles, magnifiques & très-riches.

La Mer est éloignée de Madrid de plus
de quarante lieuës; le poisson y est très-
rare & le beurre aussi, il y a peu de poisson d'eau douce, ce qui fait que peu de
gens y font Carême; pour en avoir la dispense, on va prendre la Bulle chez le
Nonce. En tems Gras tout y est très-nour-
rissant, je croy que c'est un effet du Climat; le vin n'y est pas bon, le plus excellent vi qu'on boit à Madrid, vient de Lan-
dalousie ou des Isles Canaries, encore faut
il pour le rendre bon qu'il passe par la
Mer, pour perdre cette force & cette dou-
ceur; le vin de Madrid est assés fort, mais
il n'a point de goût agréable. Je renvoye
au commancement du mois prochain le
soin de vous instruire de la dignité & pre-
rogative des Grands, en même-temps je
vous marquerai les noms & sur-noms des
Principaux Seigneurs d'Espagne, en atten-
dant, je suis avec un sincere & parfait attachement, &c.

A Madrid ce 1. Janvier 1727.

SECONDE

9

SECONDE LETTRE.

Qui parle de l'Origine, & des Prerogatives des Grands d'Espagne, où l'on met les noms & sur-noms des Principaux Seigneurs de cette Cour.

JE vous ai promis, MONSIEUR, par ma precedente Lettre de vous instruire de l'Origine & des Prerogatives des Grands d'Espagne, je le fais en ce jour: Je vous dirai comme j'ai toûjours entendu dire en Espagne, que du tems des premiers Rois, D'OVIEDO, DE GALICE, & d'ASTURIE, ils étoient élûs par les Prelats du Royaume, & par les *Ricos-Homes*; ces Seigneurs n'ayant point encore obtenu les Titres des Ducs, des Marquis, & des Comtes, qui les distinguent d'avec les Gentilshommes, on les nommoit alors *Ricos-Homes*, qui étoient comme sont les Grands d'Espagne d'aujourd'hui; c'estoit l'ordre parmi eux de choisir toûjours pour Regner les Parens les plus proches des Roys qui venoient de mourir: mais cette coûtume ne fut observée que depuis PELAGE jusqu'à RAMIRE, qui en 843. fut declaré Successeur d'ALFONSE, dit le Chaste, Roy d'Asturie, & l'on admit sous son Regne la Succession pour la Couronne du Pere au Fils en ligne directe, ou du Frere au Frere en ligne collaterale; si bien que ce consentement dé-

B

vint deſſlors une Loy Municipale, qui s'eſt
toûjours depuis obſervée en Eſpagne : vous
remarquerés que le mot de *Ricos-Homes* n'à
pas la même ſignification que *Humbres-ricos*, qui veut dire Hommes riches en
François, les *Ricos-Homes*, ſe couvroient
devant le Roy, entroient aux Etats, y
avoient leurs voix active, & paſſive ; Sa
Majeſté leur accordoit toutes ces prerogatives par des Actes authentiques, & les
T I T U L A D O S d'à preſent, ſont les mêmes que l'on appelloit alors *Ricos-Homes*
ils ont encore la faculté d'avoir un Dai
dans leur Chambre, & quand le Roy fait
un T I T U L A D O Marquis de Caſtille,
d'Arragon ou de Grenade, il entre aux
Etats de ce Royaume.

A l'égard des Grands d'Eſpagne, il y en a
de trois Claſſes differentes, & la maniere
dont le Roi, leur parle en les faiſant, les
diſtingue ; les uns ſont ceux à qui il dit *de
ſe couvrir* ſans y rien ajoûter, la Grandeur
n'eſt attachée qu'à leur Perſonne, & n'eſt
point conſervée à leur Maiſon.

Les autres que le Roy qualifie du Titre,
comme ; par exemple, *Duc*, *Marquis* ou
Comte d'un tel lieu, *couvrez-vous*, *pour vous*,
& pour les votres, ſont Grands d'une maniere plus avantageuſe que les premiers ;
parceque la Grandeur étant attachée à leur
Terre, paſſe à leur Fils Aîné, & s'ils n'en
ont point à leur Fille, ou à leur Heritier ;

cela fait, que dans une feule Maifon il peut y avoir plufieurs Grandeurs, & que l'on voit des Héritieres qui en apportent jufqu'à fix ou fept à leurs Maris, lefquels font Grands à caufe des Terres de leurs Femmes.

Les derniers ne fe couvroient qu'après avoir parlé au Roy, & l'on fait différence des uns aux autres, en difant, ils font Grands à Vie ou à Race.

Il faut remarquer qu'il y en a, que le Roi fait couvrir avant qu'ils lui parlent, en leur difant, *cubridos*, & ils parlent, & écoutent parler le Roy toûjours couverts; d'autres qui ne fe couvrent qu'après lui avoir parlé, & qu'il leur a répondu, & les troifiémes qui ne fe couvrent qu'après s'être retirez d'auprès du Roy vers la muraille.

Mais, lorfqu'ils font tous enfemble dans les Fonctions publiques, où à la Chapelle, il n'y a aucune différence entr'eux, ils s'affoyent & fe couvrent devant le Roy; & lorfqu'il leur écrit, il les traite comme s'ils étoient Princes, en leur donnant le Titre *d'Excellence*; ce n'eft pas que quelques Grands Seigneurs fe contentent de les trai- ter de votre Seigneurie, mais cela eft moins honnête, & très-peu ufité : Quand leurs Femmes vont chez la Reine, Elle les reçoit debout, & au lieu d'être feulement affifes fur des Tapis de pied, on leur préfente un Carreau.

Quand il y a des Fêtes de Taureaux,

on donne aux Seigneurs, des Balcons dans
la grande Place, où leurs Femmes font
regalées des Corbeilles remplies de Gans,
de Rubans, d'Evantails, de Bas de Soye
& de Paftilles, avec une magnifique Collation de la part du Roi, ou de la Ville, qui
donne ces Fêtes au Public; ils ont leur
Banc marqué dans les Ceremonies.

Quant aux noms & furnoms des principales Maifons des Seigneurs d'Efpagne, qui
reçoivent ces honneurs, & dont on donne
à leurs perfonnes le Titre *d'Excellence*, les
voici en détail. Les uns ont tous ces honneurs, & ce Titre par leur Qualité de TI-
TULADOS, & de Grands d'Efpagne, & les
autres ont une bonne partie de tous ces honneurs, & même le Titre *d'Excellence*, par la
haute qualité de Capitaine General, lorfque
Sa Majefté Catholique en accorde le Brevet
avec le Commandement de fes Troupes.

EN VOICI LA LISTE.

Le Marquis Daguilar de la Queva-Manrique.
Le Duc Dalburquerque de La-Queva.
Le Duc De Frias, Connestable de Caftil-
le, Velafco.
Le Duc De Naxera, Velafco, Manrique
de Lara.
Le Comte De Fuenfalida, Velafco Ayalla.
Le Comte De Pananranda, Velafco Bra-
vamonte.
Le Comte Daltamira, Oforio Mofcofo.

Le

Le Marquis d'Aytona Moncada.
Le Duc d'Albe Toledo.
Le Marquis De Villa-Franca, Toledo, Oforio.
Le Duc d'Arco, Ponte de Leon.
Le Marquis d'Alcanizes, Borgia, Enriques
    Dealmanza.
Le Duc De Gandie Borgia.
Le Duc De Villa-Hermofa, Borgia, Oforio.
Le Duc De Turfis. Doria.
Le Duc De Sanpietro Spinola.
Le Marquis De Los-Balbafes, Spinola.
Le Duc De Seffa. Cardona Cordoüa.
Le Duc De Bejar Sotomayor. Tuniga.
Le Duc De Camina. Portocaruo., Menef-
    fefynorona.
Le Marquis d'Elcarpio, Haro., Gufman.
Le Comte De Monterey., Haro., Azevedo,
    y Fonfeca.
Le Comte De Legos. Portugal ,.Caftro.
Le Comte d'Oropefa. Portugal, Toledo.
Le Duc De Verafquas. Portugal., Colon.
Le Duc De Medinaceli , Foix., la Cerda.
Le Marquis De Caftel-Rodrigo. Monra,
    Contereal.
Le Duc Defcalona., Acuna., Pacheco.
Le Marquis Dinoiofa , Manrique. Avella-
    noymendota.
Le Comte Dognate. Ladron de Gravera.
Le Duc De Feria, Figueroa, Cordua.
Le Marquis De Leganes., Mefia y Gufman.
Le Marquis De Mondefcar, Juanet de Se-
    govia , Mendota.

Le Marquis De Sainte Croix , Benavidés Batan.

Le Duc De Hiiar , Sylva.

Le Duc De Paſtrane, Sylva Mendota San-doual.

Le Marquis De Loz-Velet, Chacon , Taxardo.

Le Duc De Medina de Rioſeco Amirante Enriques De Labrera.

Le Duc De Medina Sidonia , Guſman.

Le Duc De Monmalte Armoncada Aragon.

Le Duc De Monteleon Pignatelli.

Le Duc d'Oſſone Acuna , Giron.

Le Duc De Pigneranda , Tuniga.

Le Duc Dureda Girovacuna Sandovalyroxas.

Le Duc De Linares Norona.

Le Comte De Caſtrillo , Navarra, avellaneda.

Le Duc Ducrantes Alencaſtre.

Le Comte d'Alvadeliſte , Euriquez.

Le Comte Daranda Diet de Dux de Herdia Urrea.

Le Comte De Benavente Pimintel.

Le Comte Daguilar.

Le Comte De La Torres.

Le Comte De Seiſſan,

Le Marquis De Caſſafuerte.

Le Marquis De Risbourg.

Voilà , MONSIEUR , tout ce que je puis vous apprendre par cet Ordinaire , ce ſera au mois prochain , que je vous inſtruirai quels ſont les Habits & Cœffures des

Dames de cette Cour, je vous prie de croire qu'on ne peut être plus parfaitement &c.

A Madrid ce 1. Février 1727.

TROISIEME LETTRE;

Qui traite des Habits, & Cœffures des Dames, de la Cour d'Espagne.

JE vois, MONSIEUR, par la dernier Lettre que vous m'avez fait l'honneur de m'écrire, que notre éloignement ne diminuë en rien notre ancienne & solide amitié ; & que vous soûhaitez toûjours, que je vous instruise de la maniere que les Dames Espagnoles se mettent dans cette Cour ; je vous dirai comme elles sont toûjours fort parées. Elles ont des Habits à leur mode, magnifiques, & des Pierreries d'un grand prix, & les plus belles qu'on puisse voir : Quant à l'Habillemnt des Dames, je vous dirai qu'Elles ont au tour de la gorge, une Dentelle de fil, rebrodée d'Or & d'Argent ; & à l'égard des Pierreries, elles n'en ont pas seulement pour une garniture, mais encore pour huit ou dix, les unes de Diamans, les autres de Rubis, d'Emeraudes, de Perles, de Turquoises ; enfin de toutes les manieres que les Lapidaires les mettent.

C ij

Les Dames portent de grandes Enfei-
gnes de Pierreries au haut de leurs corps,
dont-il tombe une Chaine de Perles, ou
dix ou douze nœuds de Diamants qui
fe retranchent fur un des côtés du corps,
Elles ne mettent jamais de Collier ; mais
Elles portent des Bracelets, des Bagues &
des pendants d'Oreilles, Elles ont toute
la Tête chargée de Poinçons, les uns faits
en petites mouches de Diamants, & les
autres en papillons ; dont les Pierreries
marquent les couleurs, elles fe coifent de
differentes manieres, mais c'eft toûjours la
Tête nuë, elles feparent leurs cheveux fur
les côtez de la Tête, & les cachent de travers fur le front, ils font fi luifans que fans
exageration, l'on s'y pourroit mirer, & ils
font plus noirs que de l'ébene, & font ad-
mirablement beaux ; elles fe font d'ordinaire cinq nattes, aufquelles elles attachent des nœuds de Rubans, ou qu'elles
cordonnent des Perles, elles les noüent toutes enfemble à la ceinture, & l'Efté lorfqu'elles font chez elles, les enveloppent
dans un morceau de Tafetas de couleur,
garni de dentelles de fil ; elles ne portent
point de bonnet ni le jour, ni la nuit ; j'en
ai vû qui avoient des plumes couchées fur
la Tête comme les petits enfans ; ces plumes font fort fines, & moûchetées de differentes couleurs, ce qui les rend beaucoup
plus belles ; & je ne fçai pourquoi l'on n'en

fait pas de même en France.

Les Dames ont plusieurs Corbeilles d'argent aussi grandes & profondes que celles qu'on appelle en France, des *Mannes*, dans lesquelles on porte le Couvert, & dans plusieurs desquelles elles mettent leurs habits, qui font des Juste-corps, selon la mode du Païs, de Brocard d'or & d'argent, faits en petites Vestes pour s'habiller le matin, avec des boutons, les uns de Diamans & les autres d'Emeraudes, à chacun desquels il y a six douzaines de boutons: le Linge & les Dentelles ne font pas moins propres que tout le reste.

L'on trouve des Espagnoles plus regulierement belles que les Françoises, malgré leur coëffure de travers, & le peu d'accompagnement qu'elles donnent à leur visage; l'on peut dire qu'il est comme hors d'œuvre, sans aucuns cheveux dessus, ni cornette, ni rubans; mais aussi, en quel païs y a-t'il des yeux semblables aux leurs? ils sont si vifs, si spirituels; ils parlent un langage si tendre & si intelligible, que quand elles n'auroient que ce seul agrément, elles pourroient passer pour belles, & dérober les cœurs: leurs dents sont bien rangées, & seroient assez blanches si elles en prenoient soin, mais elles les negligent, outre que le sucre & le chocolat les leur gâtent: elles ont aussi la mauvaise habitude, & les hommes aussi, de les netoyer

avec un cure-dent en quelque compagnie qu'elles foient ; c'eft une de leurs contenances ordinaires.

Pour revenir à leur habillement ; deſſous leur juppe unie, elles en ont une douzaine, plus belles les unes que les autres d'étoffe fort riche & chamarrées de galons & de dentelles d'or & d'argent juſqu'à la ceinture ; quand je dis une douzaine, ne croyez pas au moins que j'exagere ; pendant les exceſſives chaleurs de l'eſté, elles n'en mettent que ſept ou huit, d'où il y en a de Velours & de gros Satin ; elles ont en tout tems une Juppe blanche deſſous toutes les autres, qu'elles nomment *Sabenagua*, elle eſt de belles dentelles d'Angleterre ou de Mouſſeline brodée d'or paſſé, & ſi amples, qu'elles ont quatre aunes de tour ; j'en ai vû de cinq ou ſix cens écus : Les jeunes filles & les nouvelles mariées ont des habits très-magnifiques, & leurs Juppes au deſſus ſont de couleur, brodées d'or.

Les Femmes portoient il y a quelques années de grands *Infants* d'une grandeur prodigieuſe, cela les incommodoit & incommodoit les autres, & il n'y avoit point de portes aſſez grandes par où elles puſſent paſſer ; elles les ont quittez, & elles ne les portent que lorſqu'elles vont chez la Reine, ou chez le Roi ; mais ordinairement dans la Ville, elles mettent

des *Sacriſtains*, qui ſont à proprement parler
les enfans des *Vertugadins* ; ils ſont faits
de gros fil d'archal qui forme un rond au
tour de la ceinture : il y a des rubans qui
y tiennent & qui attachent un autre rond
de même, qui tombe plus bas, & qui
eſt plus large, l'on a ainſi cinq ou ſix
cerceaux qui deſcendent juſqu'à terre, &
qui ſoûtiennent les Juppes:

Elles portent une quantité ſurprenante de
Juppes, & l'on auroit peine à croire que
des Créatures auſſi petites que ſont les
Eſpagnoles, puiſſent être ſi chargées: La
Juppe de deſſus eſt toûjours d'un gros
Taffetas noir, ou de Poil-de-Chévre gris
tout uni avec un grand Touſſis un peu
plus haut que le genoüil au tour de la
Juppe ; & quand on leur demande à quoi
cela ſert, elles diſent que c'eſt pour la
ralonger à meſure qu'elle s'uſe ; la Reine
en a tout comme les autres, & en France
les Carmelites ſont auſſi dans le même
uſage de ces Touſſis, & l'on peut dire à
l'égard des Dames Eſpagnoles, que c'eſt
plûtôt une mode qu'elles ſuivent qu'une
épargne qu'elles veulent faire, car elles ne
ſont ni avares ni ménagéres, & la plûpart
en font faire deux ou trois par ſemaine ;
leurs Juppes ſont ſi longues par devant
& par les côtez, qu'elles traînent beaucoup, & jamais par derriere, elles les
portent à fleur de terre, mais elles

veulent marcher deſſus afin qu'on ne puiſ-
ſe voir leurs pieds, qui eſt la partie de
leur corps qu'elles cachent le plus ſoigneu-
ſement : J'ai entendu dire, qu'après qu'une
Dame a eû toutes les complaiſances pour
un Cavalier, c'eſt en lui montrant ſon
pied, qu'elle lui confirme ſa tendreſſe ; &
c'eſt ce qu'on appelle en Eſpagne, la derniere faveur ; il faut convenir auſſi, que
rien n'eſt plus joli en ſon eſpece, car elles
ont les pieds ſi petits, que leurs ſouliers
ſont comme ceux de nos Poupées ; elles les
portent de Maroquin noir découpé ſur du
Taffetas de couleur, ſans talons, & auſſi
juſtes qu'un gant ; quand elles marchent,
il ſemble qu'elles volent ; en cent ans, on
n'apprendroit pas en France cette maniere
d'aller : elles ſerrent leurs coudes contre le
corps & vont ſans lever le pied, comme
lorſque l'on gliſſe.

Elles ne portent point chez elles le *Sa-
criſtain* ni les *Chapins*, ce ſont des eſpeces
de petites Sandales de Brocard ou de Velours, garnis de plaques d'or, qui les
hauſſent d'un demi pied, & quand elles
les ont, elles marchent fort mal, & il ſemble qu'elles ſont toûjours prêtes à tomber.

Il n'y a guere de Baleine dans leurs
corps ; les plus larges ſont d'un tiers : le
Corps eſt aſſez haut par devant, mais les
épaules ſont fort ouvertes : C'eſt une beauté
parmi elles de n'avoir point de gorge ;
elles

elles prennent des précautions de bonne-
heure pour l'empêcher de venir : lorsque la
sein commence à paroître, elles mettent
dessus des petites plaques de plomb, & se
bandent comme les enfans que l'on em-
maillote.

Quant à leurs grandes manches, qu'elles
attachent juste au poignet, elles contribuent
encore, comme leur grand nombre de juppes,
à les faire paroître plus petites : leurs Manches sont de Taffetas de toutes couleurs,
comme celles des Egyptiennes, avec des
Manchettes d'une dentelle fort haute, le
corps de leurs habits, est d'ordinaire d'é-
toffe d'or & d'argent mêlée de couleurs
vives : les Manches en sont étroites, &
celles de Taffetas paroissoient au lieu de la
chemise dont les Manches sont cachées,
quoiqu'à vous dire vrai, leur linge soit
fort beau, malgré la rareté & la cherté,
où il est dans Madrid.

Je dois vous dire, comme la taille des
Espagnoles est médiocre, & plûtôt basse que
haute, leurs mains n'ont point de deffaut,
elles sont petites, blanches & bien faites,
leurs traits sont fort délicats & reguliers,
leur air & toutes leurs manieres ont une petite affectation de coqueterie que leur humeur ne demande pas, il n'y a que leur
maigreur qui choque ceux qui n'y sont pas
accoûtumés, il faut que la petite Verole
ne les gâte pas tant à Madrid qu'elle gâte

a lleurs , car l'on n'en voit guere qui en foient marquées.

Pour l'ordinaire, leur Toilette eſt une petite table d'argent ; elle conſiſte en un morceau de toille des Indes , un miroir de la grandeur de la main , deux peignes avec une pelote , & dans une taſſe de porcelaine de blanc d'œuf batu avec de ſucre candi ; elles s'en frottent le viſage pour ſe décraſſer , & ſe le rendre luiſant : l'on diroit qu'elles y ont paſſé un vernis ; & ont par ce moyen la peau tendre ; elles ſe mettent du rouge comme font la plûpart des Femmes en France,

Voilà tout ce que je puis vous apprendre au ſujet des Habits , & des Cœffures des Dames Eſpagnoles ; dans la premiere Lettre que je vous enverai , je vous parlerai des Viſites que les Dames font chez les Princeſſes , & chez les Femmes des Grands , leur Caractere , & les Regals qu'elles ſe font ; je ſuis très-aiſe que mes Lettres vous faſſent toûjours quelque plaiſir , comme je n'ai point de plus forte paſſion que de vous témoigner à quel point je ſuis à vous , je n'ai pas auſſi de plus grande joye que de ſçavoir que vous m'honnorés de votte amivié , & que vous me continués toûjours vos bonnes graces ; ſoyez perſuadé que perſonne n'eſt avec plus de paſſion & de zele que moi , &c.

A Madrid ce 1. Mars 1717.

QUATRIEME LETTRE,

Qui parle des Visites que les Dames font chez les Princesses, & chez les Femmes des Grands, leur Caractere, & les Regals qu'elles se font.

Vous me demandés, MONSIEUR, que je vous apprenne en quoi consistent les Visites que les Dames font dans cette Cour ; je vous dirai que quand elles font Visite à quelque Princesse, on n'y voit jamais dans l'Appartement de la Princesse aucun Homme : pour l'ordinaire les Dames font reçûës dans une Chambre, ou dans une Galerie couverte de Tapis de pied très-riches, il y a tout au tour des Carreaux de Velours cramoisi en broderie d'Or, ils font plus longs que larges, l'on y voit des Tables d'argent, & des Miroirs admirables, tant pour la grandeur que pour leurs riches Brodeures, dont les moins belles font d'argent, toutes les Dames qui font Visite à celle qui les reçoit font toutes assises par terre, les jambes en croix fous elles ; c'est une ancienne habitude qu'elles ont gardée des Mores.

Dans ces Visites Elles se mettent cinq à six ensemble, ayant en Hyver au milieu d'Elles, un petit Brasier d'argent plein des noyaux d'olives pour ne pas entêter quand il arrive quelque Dame, *la Naine* ou *le Naim* va l'annoncer, & met un genoux à terre, auffi-tôt elles fe levent toutes; la Princeffe ou la Grande d'Efpagne, chez laquelle l'on fait ce jour-là la Vifite, va la premiere jufqu'à la porte recevoir celle qui vient la voir; toutes les autres Dames, qui font en Vifite, y vont auffi; elles ne fe baifent point en fe faluant, mais elles fe prefentent la main dégantée, & en fe parlant elles fe difent, *Tu*, & *Toy*, elles ne s'appellent ni Madame, ni Mademoifelle, ni Alteffe, ni Excellence; mais, *Dona Maria*, *Dona Clara*, *Dona Terefa*, &c.

Et fi l'on fouhaitte, fçavoir, d'où vient qu'elles en ufent fi familierement, c'eft pour n'avoir aucun fujet de fe facher entr'elles en difference de Qualité, & de Rang; il faut ajoûter à cela, qu'elles ne fe méfalient point, & qu'ainfi ce font toûjours des Per-fonnes de condition; un Homme de Naif-fance époufe toûjours une Fille de condi-tion, auffi elles ne rifquent rien quand elles fe familarifent enfemble. S'il vient cent Da-mes de fuite, on fe leve autant de fois, & l'on marche comme à une Proceffion, pour aller recevoir la Dame qui vient faire Vi-fite jufques dans l'Entichambre.

Il feroit difficile de rien voir de plus fomptueux que leurs Maifons, la plûpart des Dames occupent des Appartements hauts qui font tendus de Tapifferies toutes

relevées

relevées d'Or ; l'on y voit des Portes vi-
trées, des Lits de parade, qui font la plûpart des Lits de Damas, or & vert, dou-
blez de Brocard d'argent avec du point d'Espagne, & au tour des Draps un passement
d'Angleterre de demi aune de hauteur, on
y voit d'autres Chambres meublées de Velours cramoisi à fonds d'or : Des Femmes couchent dans les chambres des De-
moiselles fur des lits qu'elles y mettent
le soir.

On fait partie de jeu dans ces Visites ;
elles font plusieurs Tables d'Ombre, où
elles joüent grand jeu & fans bruit, &
on ne connoît rien à leurs cartes, car
elles font aussi minces que du papier, &
peintes tout autrement que les notres, il
semble que l'on ne tienne qu'une lettre
pliée quand on a un jeu dans la main.

Dans ces Assemblées ou Visites, on
parle là de toutes les nouvelles de la Cour
& de la Ville ; leur conversation est libre,
& agréable ; & il faut convenir qu'elles
ont une vivacité, dont en France on ne
peut approcher : elles font caressantes :
elles aiment à loüer d'une maniere noble,
pleine d'esprit & de discernement : l'on est
surpris qu'elles ayent tant de memoire
avec un si grand feu d'esprit : leur cœur
est tendre, & même beaucoup plus qu'il
ne faudroit : elles lisent peu, elles n'écrivent guere ; cependant, le peu qu'elles

E

lifent, leur profite, & le peu qu'elles écrivent est juste & concis.

Quand les Princesses ou les Femmes des Grands d'Espagne donnent collation chez elles, ce qui arrive toutes les fois qu'elles reçoivent Compagnie ; les Femmes qui les servent, au nombre de vingt, portent chacune de grands Bassins d'argent, remplis de confitures séches, toutes enveloppées de papier coupé exprès, & doré : il y a une prune dans l'un, une cerise & un abricot dans l'autre, & ainsi du reste.

Pour l'ordinaire elles prennent de ces confitures dans leurs mouchoirs : On leur présente ensuite le chocolat, & chaque Tasse de Porcelaine où on le met, est mise sur une petite Soucoupe d'Agathe, garnie d'or, avec du sucre dans une boëte de même.

Il y a pour l'ordinaire du chocolat à la glace, & l'autre chaud, & l'autre avec du lait & des œufs ; on le prend avec du biscuit ou du petit pain ; aussi sec que s'il étoit rôti, ce que l'on fait exprès : il y a des Femmes qui en prennent jusqu'à six Tasses de suite ; il ne faut pas s'étonner si elles sont si séches, puisque rien n'est plus chaud ; & outre cela, elles mangent tout si poivré & si épicé, qu'il est impossible qu'elles n'en soient incommodées : pour moi, j'attribue tous ces excès pour cause de leur maigreur. Le chocolat qu'on met à la glace, est toûjours rafraîchi par la neige, & l'on tient à Madrid, que la neige rafraîchit bien mieux que de la glace : C'est la coûtume avant que de prendre du chocolat, de boire de l'eau fort fraîche ; on tient qu'il est mal sain autrement.

A l'entrée de la nuit, après que la Collation est finie, les Pages de la Princesse, ou de la Grande d'Espagne, chez laquelle l'on fait ce jour là Visite, precedez de leur Gouverneur, entrent les uns après les autres dans la Chambre ou Galerie, où sont les Dames, portant chacun deux grands flambeaux ou un *Belon* ; en y entrant, ils mette un genou à terre avant que de les poser sur les Tables ou sur les Escaparates : Ils se retirent avec la même ceremonie.

Il faut vous dire que ces *Belons* sont des Lampes élevées sur une colonne d'argent, qui a son pied fort large, où il y a huit ou douze canaux à la lampe, & quelquefois moins, par lesquels la méche passe, de sorte que cela fait une clarté surprenante ; & pour qu'elle soit encore plus grande, on y attache une plaque d'argent, sur laquelle elle refléchît : on n'est point incommodé en aucune façon de l'huile qui se brûle dans ces lampes.

Quand on se retire de ces Visites, la Princesse ou la Grande d'Espagne, accompagne toutes ces Dames jusqu'à l'endroit où elles ont été reçûës ; la Princesse se renirant ou la Grande d'Espagne , toutes ces Dames vont joindre leur équipage qui les attend à la porte de la Maison d'où elles viennent de faire Visite , ou à la faveur d'un bon nombre de flambeaux portez par leurs Domestiques , elles se retirent chacune dans leur Maison.

Voila , Monsieur , tout ce que je puis vous apprendre au sujet des Visites des Dames de cette Cour ; je souhaitte que dans tout ce que je vous en dis , vous consideriez comme moi , une civilité polie , & des manieres nobles , qui font , que la bienséance , dans toutes ces Visites , y est toûjours soûtenuë par l'éducation , & par la Religion. Par la premiere Lettre que je vous écrirai , je vous apprendrai en détail , le nombre des Archevêchez & Evêchez d'Espagne qui sont de la Nomination de Sa Majesté Catholique. Je suis toûjours , Monsieur , avec mon affection ordinaire , entierement à vous , &c.

A Madrid ce 1. *Avril* 1727.

CINQUIE'ME LETTRE.

Qui parle des Archevêchez , & Evêchez d'Espagne.

IL est vrai , MONSIEUR , qu'on est souvent entraîné par des affaires où l'on se trouve engagé par son état , qui interrompent le cours des offices les plus agréables de la societé : Depuis le tems que j'ai eu l'honneur de vous écrire, j'ai eu beaucoup d'embarras ; je profite de ce premier moment qui se presente à moi, pour vous instruire comme les Archevê-chez & Evêchez d'Espagne sont de la No-mination du Roi, depuis que le Pape Adrian VI. lui ceda le droit qu'il avoit d'y nom-mer.

LES ARCHEVECHEZ, dans les deux Castilles, sont, premierement, l'Archevêché de Tolede, dont l'Archevêque est primat d'Espagne, Grand Chancelier de Castille, & Conseiller d'Etat ; il parle aux Etats, & dans le Conseil immediatement après le Roy, & on le consulte ordinairement sur toutes les affaires importantes ; il a trois cens cinquante mille Ecus de revenu, & son Clergé quatre cens mille.

L'Archevêché de Sevile, vaut trois cens cinquante mille Ducats, & son Chapitre en a plus de cent mille : Il ne se peut rien voir de plus beau que cette Cathedrale ; entre plusieurs choses remarquables, il y a une tour bâtie de brique, large de soi-xante brasses, & haute de quarante ; une autre Tour s'éleve au-dessus qui est bien pratiquée par dedans, que l'on y monte à cheval jusqu'au haut ; le dehors en est tout peint & doré.

L'Archevêché de Saint Jacques de Compostelle, vaut soixante mille ducats; & un ducat vaut trente sols monoye de France; son Chapitre en a cent mille.

L'Archevêché de Grenade vaut quarante mille ducats.

L'Archevêché de Burgos, à peu près autant.

L'Achevêché de Saragosse, cinquante mille.

L'Achevêché de Valence, quarante mille ducats de rente.

EVESCHEZ.

L'Evêché d'Avila, vingt mille ducats de rente.

L'Evêché d'Astorgas, douze mille.

L'Evêché de Cuenca, plus de cinquante mille.

L'Evêché de Cordoüe, environ quarante mille.

L'Evêché de Siguenca, de même.

L'Evêché de Segovie, vingt-cinq mille.

L'Evêché de Calahorra, vingt mille.

L'Evêché de Salamanque, un peu plus.

L'Evêché de Placentia cinquante-un mille.

L'Evêché de Palentia, vingt-cinq mille.

L'Evêché de Jaca, plus de trente mille.

L'Evêché de Malaga, quarante mille.

L'Evêché de d'Osma, vingt-deux mille.

L'Evêché de Zamora, vingt mille.

L'Evêché de Coria, vingt mille.

L'Evêché de Ciudad-Rodrigo, dix mille.

L'Evêché des Ifles Canaries, douze mille.

L'Evêché de Lugo, huit mille.

L'Evêché de Mondonedo, dix mille.

L'Evêché d'Oviedo, vingt mille.

L'Evêché de Leon, vingt-deux mille.

L'Evêché de Pampelune, vingt-huit mille.

L'Evêché de Cadix, douze mille.

L'Evêché d'Orenfe, dix mille.

L'Evêché d'Onguela, dix mille.

L'Evêché Dalmaria, cinq cens mille.

L'Evêché de Guadix, neuf cens mille.

L'Evêché de Tuy, quatre mille.

L'Evêché de Badajoz, dix-huit mille.

L'Evêché de Valladolid, quinze mille.

L'Evêché de Huefca, douze mille.

L'Evêché de Tarazona, quatorze mille.

L'Evêché de Balbaftro, fept mille.

L'Evêché d'Alboracin, fix mille.

L'Evêché de Teruel, douze mille.

L'Evêché de Ioca, fix mille.

Je ne dois pas obmettre de marquer que la Cathédrale de Cordouë, eft extraordinairement belle; elle fut bâtie par A B D E R H A M A N, qui regnoit fur tous les Maures d'Efpagne, elle leur fervoit de Mofquée en l'an 787. Mais les Chrêtiens ayant pris Cordouë, ils firent une Eglife de cette Mofquée, elle a 24. grandes portes toutes travaillées de Sculpture & d'Ornémens d'Acier; fa longueur eft de 600. pieds, fur 50. de large; il y a 29. Nefs dans la longueur, & 19. dans la largeur; elle eft parfaitement bien proportionée, & foûtenuë de 850. Colonnes, dont la plus grande partie font de Jafpe, & les autres de Marbre noir d'un pied, & demi de Diametre; la Voute eft très-bien peinte, & l'on peut juger par là de l'humeur magnifique des Maures.

Il eft difficile à croire, après ce que j'ai écrit de la Cathédrale de Cordouë, que celle de Leon foit Plus confiderable, cependant rien n'eft plus vrai, & c'eft ce qui a donné lieu à ce que l'on dit communement en Efpagne, que l'Eglife de Leon eft la plus belle de toutes celles d'Efpagne: l'Eglife de Tolede la plus riche; celle de Seville, la plus grande, & celle de Salamanque la plus forte.

La Cathedrale de Malaga eft merveilleufement bien parée, & d'une jufte grandeur; les feules Chaifes du Chœur ont coûté cent cinq mille écus, & tout le refte répond à cette magnificence,

Dans la Principauté de Catalogne.

L'Archevêché de Tarragone.
    L'Evêché de Barcelone,
  L'Evêché de Lerida.
  L'Evêché d'Urgel,

L'Evêché

L'Evêché de Girone.
L'Evêché de Vique.
L'Evêché de Solſona.
L'Evêché de Tortoſe.

Dans l'Iſle de Mayorque.

L'Evêché de Mayorque, Suffragant de l'Archevêchè de Valence.

Il faut parler à préſent de ſix Archevêchés, & de trente deux Evêchés de la nouvelle Espagne, de ſes Iſles, & du Perou.

L'Archevêché de la Ville de Los-Reyes; Capitale de la Province du Perou, vaut Trente mille écus de rente.
L'Evêché d'Arequipa, ſeize mille livres.
L'Evêché de Truxillo, quatorze mille.
L'Evêché de St. Franciſco de Quito, dix-huit mille.
L'Evêché de la Grande Ville de Cuzco, vingt-quatre mille.
L'Evêché de St. Jean de la Victoire, huit mille.
L'Evêché de Panama, ſix mille.
L'Evêché de Chilé, cinq mille.
L'Evêché de Notre-Dame de Chilé, quatre mille.
L'Archevêché de Bogota, du nouveau Royaume de Grenade, quatorze mille.
L'Evêché de Popaya, cinq. mille.

E

L'Evêché de Cartagene, fix mille.

L'Evêché de Ste. Marie, dix-huit mille.

L'Archevêché de la Plata, foixante mille.

L'Archidiacre de cet Archevêché, en a cinq mille; le Maître des Enfans de Chœur, le Chantre, & le Tréforier, chacun, quatre mille; fix Chanoines, chacun trois mille; fix autres Dignitez qui valent chacunes, dix-huit cens Ecus: Tout le revenu des autres Titulaires de fon Eglife, eft auffi très-confiderable. Cet Archevêché a deux Suf-fragans: Sçavoir; L'Evêché de Paz, & celui de Tucuman.

L'Evêché de Santa Crux de la Sierra.

L'Evêché de Paraquay, de Buenos-ayres.

L'Evêché del Rio de la Plata.

L'Evêché de Saint Jacques dans la Pro-vince de Tucuman, vaut fix mille Ecus.

L'Evéché de St. Laurent de la Barrancas douze mille.

L'Evêché de Paraguay, feize mille.

L'Evêché de la Ste. Trinité, quinze mille.

L'Archevêché de Mexico, érigé en 1518. vingt mille Reales.

L'Evêché de Los Angelos, cinquante mille Reales.

L'Evéché de Valladolid de la Province de Mechoacan, quatoze mille Ecus.

L'Evéché d'Antequera, fept mille Ecus.

L'Evêché de Guadalaxara, Province de la nouvelle Galice, fept mille.

L'Evêché de Durango, quatre mille.

L'Evêché de Merida, Capitale de la Province de Yucatan, huit mille.

L'Evêché de Gantiago, de la Province de Guatamala, huit mille.

L'Euêché de San Jago de Leon, Suffragant de l'Archevêché de Lima, trois mille.

L'Evêché de Chiapa, cinq mille.

L'Archevêché de San Domingo dès Isles Espagnoles, Primat des Indes trois mille.

L'Evêché de San Juan dé Porto Rico, cinquante mille Reales.

L'Evêché de l'Isle de Cuba, huit mille Ecus.

L'Evêché de Santa Anna de Coro huit mille.

L'Evêché de Camayagua, Capitale de la Province de Honduras, trois mille.

L'Archevêché Metropolitain de Manila, Capitale des Isles Philippines, trois mille Ecus, que le Roi s'est obligé de lui payer par la Bulle accordée en 1595. le Roi paye même tout le Chapitre: Cet Archevêché a trois Suffragans: L'un dans l'Isle de Cebu; l'autre dans l'Isle de Luzon; & le troisième à Comorines.

J'espere, Monsieur, que vous serez satisfait de cette Relation: Je ne trouve pas à propos de vous envoyer celle des Abbayes, qui sont en grand nombre, &

très - confiderables en Revenu ; à toutes
lefquelles le Roi d'Efpagne nomme aufſi :
Je vous dirai qu'elles font toûjours données à des Religieux des Ordres d'où elles
tirent leur Inftitut : Les meilleures par leur
Fondation & par leur Dotation , ont été
données pour des Etabliffemens , à des
Religieux de l'Ordre de St. Benoît , qui
font prefque tous des anciens Benedictins ,
vivant dans l'état de la Mitigation , auquel état , entre pour l'ordinaire des Gens
de naiffance & de confideration , dont la
plûpart y poffedent des Benefices confiderables . defquels une bonne partie des re-
venus de leurs Titres vont la plupart du
tems au foulagement & à l'entretien de
leurs Familles , lorfqu'elles viennent à man-
quer de biens , & par confequent , c'eft
toûjours un foulagement pour la Nobleffe ,
& c'eft même de cet état de Mitigation ,
que la plus part de tems le Roy tire des
Sujets pour les Evêchés qui vaquent en Efpagne ; & même il en nomme pour les autres Villes & Etats de fon Royaume , dont
les Evêchez font aufſi à la Nomination de
Sa Majefté Catholique ; comme Elle faic
aufſi en plufieurs occafions en faveur des
Religieux de Naiffance ou de Merite qui
font dans d'autres Ordres.

On ne connoît ici nul Etabliffement des
Religieux Benedictins de la Congregation
Reformée de St. Maur ; l'on n'eft pas mê-

me

me bien aise qui se fasse de changement
des Maisons des anciens Benedictins, sous
prétexte de Reforme ; car ce fut avec
beaucoup de difficulté que l'on établit en
Catalogne, la Congregation Reformée de
Notre-Dame de Mont-Serrat, ou de Val-
dolid. Par la premiere Lettre que je vous
envoyerai, qui sera au commencement du
mois prochain, je vous parlerai de l'Origine de l'Ordre de la Toison d'Or, & des
autres Ordres Militaires d'Espagne ; je vous
instruirai même des Vices - Royautez qui
dépendent du Roi d'Espagne, & des Gouvernements que Sa Majesté Catholique donne dans ses Etats. Je suis toûjours avec
un attachement inviolable, &c.

A Madrid ce 1. May 1727.

SIXIE'ME LETTRE.

*Qui parle de l'Origine de l'Ordre de la Toison
d'Or, & des autres Ordres Militaires d'Espagne ; elle traite aussi des Vices-Royautez qui
dépendent de Sa Majesté Catholique, & des
Gouvernemens des Provinces qu'Elle donne.*

POur vous satisfaire, MONSIEUR,
sur ce que vous me demandez, ou sur
ce que je vous ai promis par ma précé-
dente ; je vous dirai que dans le tems que
les Maures possedoient la meilleure, & la

G

plus grande partie de l'Espagne, un Vila-
geois qui vivoit selon Dieu, le priant avec
ferveur de délivrer le Royaume de ces Infidéles, apperçut un Ange qui descendoit
du Ciel, lequel lui donna une *Toison d'Or*,
& lui commanda de s'en servir pour amaf-
ser des Troupes, parcequ'à cette vûë, on
ne refuseroit pas de le suivre, & de com-
battre les ennemis de la Foi.

Ce saint Homme obéit, & plusieurs
Gentilshommes prirent en effet les Armes
sur ce qu'il leur dit; le succez de cette en-
treprise; répondit à l'esperance que l'on en
avoit conçuë, de maniere que *Philippe Le
Bon* Duc de Bourgogne institua l'Ordre de
la *Toison d'Or*, en l'honneur de Dieu, de
la sainte Vierge, & de saint André : l'An
1429. & le propre jour de ses Noces, avec
Isabeau fille du Roy de Portugal, fut choisi
pour cette Cérémonie; elle se fit à Bru-
ges : Il ordonna, que le Duc de Bourgogne seroit Chef perpetuel de l'Ordre, parceque saint André est Patron de la Bourgogne, on appelle ceux qui l'ont, *Cavalleros de
Tuzon* : c'est-à-dire Chevaliers de la Toison.

Les Aînés de grande Qualité en Espagne, obtiennent pour l'ordinaire l'Ordre de
la *Toison d'Or*, qui distingue extrémement
ceux que le Roy en honore; cependant
comme c'est une faveur qui n'est accom-
pagnée d'aucun Revenu, & qu'elle ne se
donne pas même aisement, pû de gens la
recherchent.

Les Ordres *De saint Jacques*, *De Calatrava & d'Alcantara*, subsistent depuis 500. ans. L'on appelloit autres fois l'Ordre de la Calatrava, le Galand; celui de saint Jacques le Riche, & celui d'Alcantara, le Noble; ce qui les faisoit nommer ainsi; c'est que d'ordinaire il n'entroit dans celui de Calatrava, que des jeunes Chevaliers; que saint Jacques étoit plus Riche que les deux autres, & que pour être reçû Chevalier d'Alcantara, il falloit faire ses preuves de quatre Races; au lieu que pour entrer dans les autres, il ne falloit les faire que de deux.

Dans les premiers tems que ces Ordres furent établis, les Chevaliers faisoient des Vœux, vivoient très-regulierement en Communauté, & ne portoient des Armes que pour combâtre *les Mores* : mais ensuite il y entra les plus grands Seigneurs du Royaume, lesquels obtinrent la liberté de se marier, sous cette condition; qu'ils seroient obligez de demander une Dispense expresse au saint Siége pour y entrer : il faut avoir un Brevet du Roy ; faire ses preuves de Noblesse, & prouver aussi que l'on vient de *Christianos-viejos*. C'est-à-dire qu'il n'est entré dans la Famille du Pere, ni de la Mere, aucuns *Juifs*, ni *Mores*.

Le Pape Innocent VIII. donna en 1489. au Roy Ferdinand, & à ses Successeurs, la disposition de toutes les Commanderies de ees trois Ordres, que l'on nomme Militaires. Le Roy d'Espagne en dispose en effet, sur le Titre d'Administrateur perpetuel; & il joüit de trois grandes Maîtrises qui lui valent plus de quatre cens mille écus de Rente; lorsqu'il tient Chapelle, comme grand Maître de l'Ordre, ou qu'il fait quelque Assemblée, les Chevaliers ont le Privilege d'être assis, & couverts devant lui.

L'Ordre de Calatrava, a trente-quatre Commanderies, & huit Prieurés, qui valent 120. mille Ducats de Revenu.

L'Ordre d'Alcantara a trente trois Commanderies, quatre *Alcaydes*, & quatre Prieurés qui raportent huitante mille Ducats; les Chevaliers d'Alcantara, portent une Croix verte.

Les Commanderies de saint Jacques, au nombre de huitante-sept; tant en Castille, qu'au Royaume de Leon; valent plus de deux cens septante-deux mille Ducats.

Les Chevaliers de saint Jacques, portent leurs Croix rouges, faites en forme d'épée brodée sur l'épaule.

Et Tous les Chevaliers de ces trois Ordres Militaires, prenent le Titre de *Dom*.

Je dois encore vous dire, comme le Roy d'Espagne est en état de recompenser & de rendre heureux ses Sujets, de les mettre dans des postes de plus élevés, où toute leur ambition est remplie; où ils re-

çoivent les mêmes honneurs que les Sou-
verains , attendu que Sa Majesté nomme à
cinq Vices-Royautez.

SÇAVOIR;
A celle d'Aragon.
De Valence.
De Navarre.
De Catalogne.
Du Perou, *dans la Nouvelle Espagne.*

Sa Majesté Cotolique pourvoit encore à des
Gouvernements dans ces Etats.
SÇAVOIR:
Galice.
Biscaye.
Les Isles de Mayorque, & Minorque.
Il a encore sept Gouvernements dans les
Indes Occidentales, & un en Occident.
SÇAVOIR;
Les Isles de Madere.
Le Cap-Vert.
Mina.
Saint Thomas.
Angola.
Bresil.
Et Algarves.

Les Philippines, *En Occident.*

Je souhaite, MONSIEUR, que toutes mes recherches & tout ce que je vous
écris, vous face quelque plaisir ; ce sera
au commencement du mois prochain, que

je vous enverai un Etat des Officiers Generaux des Armées de Sa Majesté Catholique, qui servent actuellement avec le tems de leur Promotion; vous pouvez y compter, & croire que personne n'est plus parfaitement à vous, &c.

A Madrid ce 1. Juin 1717.

SEPTIEME LETTRE.

Qui porte l'Etat présent des Officiers Generaux, des Armées du Roy d'Espagne, avec le tems de leur Promotion; laquelle Lettre, porte aussi l'Etat présent des Regiments qui font au Service de Sa Majesté Catolique: où l'on met à chacun son Antiquité, & le nombre de ses Bataillons.

JE m'acquitte, MONSIEUR, avec bien du plaisir de la promesse que je vous ai faite par ma derniere, de vous mettre au fait de l'Etat Militaire d'Espagne, tel qu'il est aujourd'hui : Il y a cinq Capitaines generaux nommez pour l'exercice du Commandement des Armées de Sa Majesté Catholique, à côté de leur nom, je mets le jour de leur Promotion; j'observe la même chose à l'égard des Lieutenans Generaux, & des Maréchaux de Camp.

Les 5. Capitaines Generaux, font:

SÇAVOIR:

LEURS EXCELLENCES Ms.

Le Comte d'Aguilar. *
Le Comte De las Torres.
Le Comte De Seiffan.   le 6. Mars 1720
Le Marquis De Caffafuerte le 8. Août 1720
Le Marquis De Risbourg le 1. Jan. 1725

Lieutenans Generaux.

Dom Joseph Armendaris.
Le Marquis De Mirabel.
Le Marquis de Valhermoso. }
Dom Lucas Spinola.
Le Marquis De Cailus.
Dom Thomas De Los-Cobos 11. May 2705.
Dom Dominico Recco
Dom Juan Idiaques } 18. Avr. 1706.
Le Duc De Bournonville.
Dom George Prospero Ver- } 30. Sep. 1706
boom.
Dom Diego Alarçon
Le Comte de San Estevan } 7. Oct. 1709.
Gormas.
Le Chevalier de la Croix. 11. Nov. 1710
Le Comte de Glimes. 11. Nov. 1711
Dom Fernando Suarés de 20. Nov. 1711
Figueroa.

* Les infirmitez de ce Capitaine General, ont fait qu'il s'est retiré du Commandement, depuis deux ans.

Dom Juan Estevan Villet. 11. Avr. 1712.

Le Comte de Montemar.
Dom Feliciano Bracamonte. } 10. Juin 1718.

Dom Hiacinto Delposso Bueno 6. Sep. 1718.

Le Duc d'Ossune.
Dom Thomas Vincenselo.
Dom Thomas Idiaques.
Le Prince de Masseran.
Le Comte de Charni.
Dom Loüis de Cordoüa.
Le Marquis de Villadarias. } 5. Juin 1719.
Dom Francisco Siros Riba-
    deo.
Dom Marcos de Araciel.
Le Baron de Valeff.
Dom Patricio Laules.
Le Marquis de Bus.
Le Baron de Huart.

Dom Carlos Robbelin   30. Août 1719
Dom Joseph de Chavés.   10. Sep. 1719.

Dom Melchior de Mendiera.
Le Comte de Louvignés.
Le Marquis de Dragonetti. } 8. May 1720.
Le Comte de la Riviere.

Dom Dominico Lukessi.   9. Nov. 1720.
Le Comte de Marsillac..   en l'ann. 1721.
Dom Bruno de Zabala.   11. Avr. 1725.

Marechaux de Camp.

Dom Pedro Borras.
Le Marquis de Villafuerte } 15. Dec. 1709

                                    Dom

Dom Antonio Martin de
    Gurrea. . . . . 7. Fev. 1711.

Dom Philippe du Puis.
Le Comte de Zuyeghen.
Le Marquis de Reves.
Le Comte de Roideville.   20. May 1718.
Dom Pedro de Caftro.
Dom Francifco de Varvich.
Le Vicomte de la Puerto.
Dom Geronimo de Solis.
Le Comte Marrahal Ecoffois
Dom Loüis de Sarrangel.
Le Vicomte de Miralcaffar.
Dom Loüis de Acofta.
Dom Gonzale Carvajal.
Dom Francifco Balancas.
Le Marquis de Poffoblanco.
Dom Blas de Trincheria.
Dom Antonio Alvares Bor-
    gues.
Dom Juan Gonzalés.
Le Marquis de Torrecufa.   5. Juin 1719.
Dom Diego Manriques y
    Ozio.
Le Marquis de Sancta Crus.
Dom. Loüis Dormei.
Dom. Joseph Vallejo.
Dom Juan de Caraceda.
Dom Diego Gonzales.
Dom Francifco Evoli.
Dom Carlos Arifaga.
Dom Loüis de Aponte.

Dom Antonio Manſo.
Dom Juan Franciſco Almen-   ⌠ 5. Juin 1719.
    daris.
Dom Pedro Chateaufort.   ⌡
Dom Franciſco Amparan.   12. Juin 1719.
Dom Alentho de la Mothe.   24. Août 1719.
Dom Pedro Bon de Caſtrii-
    heira.
Dom Balduino de Marets.
Dom Loüis de Vico y Guin-
    coces.
Dom Antonio Santander.
Dom Emanuël Alderette.
Le Baron de Ytre.   ⌡ 1. May 1720.
Le Chevalier de Lalaing.
Dom Pedro Vico.
Le Marquis de Moia.
Dom Henri Siffredi.   ⌡ 7. May 1720.
Le Comte Daidie.
Le Baron Sandraski.   8. Sep. 1720.
Dom Bartholomeo Porro.   27. Sep. 1720.
Dom Manuël de Navarra   13. Oct. 1720.
Le Duc de Liria.   26. Jan. 1724
Le Comte de Taboada.   29. Jan. 1724
Le Comte de Comicour.   1724

Brigadiers d'Infanterie.

Le Marquis de Franlieu.
De la Baſtide.
Le Comte De Pasfeuquieres.
Le Comte De Boufflers.
Dom Franciſco Laſo Palomino.

Dom Mathias Manglono.
Dom Antonio Arduino.
Dom Roberto de Santa Maria.
Dom Juan De Alguezaval.
Dom Juan Francisco Dumet.
Dom Eugenio De Nieulant.
Dom Martin Prompt de Madrid.
Le Marquis De Bai.
Le Chevalier De Saive.
Le Comte de la Noy.
Le Comte De Maraffani.
Le Baron De Eftorf.
Dom Juan Pacheco Porto Carrero.
Le Comte Magdonel.
Le Marquis De Cordoüa.

Brigadiers de Cavalerie.

Le Marquis De Konoc.
Le Chevalier Saint Eli.
Ocampo.
Le Chevalier De Rohan.
Le Prince De Chalais.
Le Duc d'Arri.
Reffuela.
Dom Nicolas Sangro.
Le Chevalier De Gomicour.
Le Marquis De Pignatelli.

Brigadiers de Dragons.

Le Comte De Sicile.
Savari.
Le Comte De Ytre.
Le Chevalier d'Ytre.

ETAT DES REGIMENS
qui font au Service de Sa Majefté Catholique.

REGIMENS D'INFANTERIE.

	Antiquité.	Bataillons.
Gardes Efpagnoles:	1703.	6.
Gardes Valones:	1703.	6.
Caftilla	1512.	2.
Lombardia.	1512.	2.
Efpagna.	1513.	2.
Lisboa.	1517.	2.
Cuenca.	1518.	1.
Zeuta.	1526.	1.
Corona	1530.	1.
Zamora.	1530.	2.
Savoya.	1540.	2.
Africa.	1559.	2.
Grenada.	1564.	2.
Soria.	1567.	2.
Mallorca.	1601.	2.
Gualdalaxara.	1601.	2.
Jaen.	1637.	1.
Toledo.	1640.	2.
Cordoüa.	1647.	2.
Victoria.	1650.	2.
Sevilla.	1653.	2.

Portugal

	Antiquité.]	Bataillons:
Portugal.	1653.	2.
Leon.	1694.	2.
Badagos.	1694.	I.
Burgos.	1694.	2.
Murzia.	1694.	2.
Valladolid.	1694.	I.
Galizia.	1705.	I.
Cantabria.	1705.	2.
Asturias.	1705.	2.
Santiago.	1705.	I.
Navarra.	1705.	I.
Artilleria.	1703.	2.
Arragon.	1711.	I.
Barcelona.	1019.	I.
Canaries.	1707.	I.

Regimens d'Infanterie Irlandois:

IRLANDESES.

	Antiquité.	Bataillons.
Irlanda.	1694.	I.
Vvaterford.	1709.	I.
Hibernia.	1709.	2.
Allonia.	1709.	I.
Limerik.	1710.	I.

Regimens Italiens.

ITALIANOS.

	Antiquité.	Bataillons.
Napoles.	1572.	2.

	Antiquité.	Bataillons.
Corzega.	1658.	1.
Parma.	1680.	1.
Sicilia.	1704.	1.
Milan.	1704.	1.
Mezina.	1711.	1.
Palermo.	1718.	1.

Regimens Vvalons.

VALONES.

	Antiquité.	Botaillons.
Borgona.	1460.	1.
Flandres.	1461.	1.
Henau.	1643.	1.
Utrech.	1688.	1.
Namur.	1672.	1.
Brabante.	1640.	1.
Anveres.	1643.	1.
Zelanda.	1655.	1.
Gueldres.	1666.	1.
Luxemburgo.	1700.	1.
Mons.	1701.	1.
Là Comery.	1718.	1.
Zuiſos.	1721.	2.

MARINE.

	Antiquité.	Bataillons
Armada.	1718.	1.
Marina.	1718.	1.
Baxeles.	1718.	1.

	Antiquité.	Bataillons.
Oceano.	1718.	1.
Mediteraneo.	1718.	1.

Regimens de Cavalerie.

CAVALLERIA.

Sçavoir :

GARDES DES CORPS
de trois Compagnies de deux cens Hommes
chacune.

Efpagnols.
Italiens.
Vvalons.

Regimens.	Antiquité.	Bataillons
Reina.	1702.	3.
Principe.	1702.	3.
Borbon.	1701.	3.
Ordenes.	1516.	3.
Farnefio.	1649.	3.
Alcantara.	1656.	3.
Extramadura.	1659.	3.
Milan.	1661.	3.
Barcelona.	1670.	3.
Malta.	1688.	3.
Brabante.	1695.	3.

Iij

	Antiquité.	Bataillons.
Flandres.	1695.	3.
Algarbe.	1701.	3.
Grenada.	1702.	3.
Andoluzia.	1703.	3.
Calatrava.	1703.	3.
Sevilla.	1703.	3.
Santiago.	1703.	3.
Rofellon.	1703.	3.
Salamanca.	1706.	3.

Regiments de Dragons,
DRAGONES.

	Antiquité.	Bataillons.
Belgia.	1670.	3.
Batavia.	1670.	3.
Pavia.	1684.	3.
Frifia.	1687.	3.
Taragona.	1703.	3.
Sagunto.	1703.	3.
Edimburgo.	1703.	3.
Numancia.	1707.	3.
Lufitania.	1710.	3.
Franzia.	1719.	3.

Una Compagna de Hallabarderos.
Una Compagna fuelta de Cavalleria.

BATAILLONS. ESCADRONS.
Total. 100.   96.

REGIMENS.

D'Infanterie.   *De Cavalerie.*   *De Dragons.*

65.   21.   10.

Toutes les Troupes de Guerre qui font en Efpagne pour le prefent, font élevées dans une grande difcipline : L'Infanterie y eft belle , & la Cavalerie y eft bien remontée. Je ne vous dirai rien en détail concernant la Marine ; eû égard à la variation de ce Service ; je vous aprendrai feulement en gros, que Sa Majefté Catholique, a actuellement foixante Vaiffeaux de haut Bord , quarante-fix Fregates, feize Galeres, & plufieurs Brûlots & Bâtimens de charge, tous difperfez dans les Ports du Roi en Efpagne ou dans le Commerce des Indes Occidentales.

On diftingue dans la Cour d'Efpagne , quinze Confeils.

SÇAVOIR.

LE premier eft le Confeil d'Etat :
Le fecoud eft le Confeil de Guerre :
Le troifiéme eft le Confeil Royal, ou de Caftille :
Le quatriéme eft le Confeil d'Arragon :

Le cinquiéme est le Conseil d'Italie :

Le sixiéme est le Conseil des Indes :

Le septiéme est le Conseil des Ordres :

Le huitiéme est le Conseil de la Chambre :

Le Neuviéme est le Conseil de Finances :

Le Dixiéme est le Conseil des Décharges :

Le onziéme est Conseil de la Croisade :

Le douziéme est le Conseil de l'Inquisition :

Le treziéme est le Conseil de Navarre :

Le quatorziéme est le Conseil de Police :

Et le quinziéme est le Conseil de Conscience.

Dans la premiere Lettre que je vous écrirai, je vous marquerai, en quoi consiste *la Division* des Estats d'Espagne ; car la premiére *Division* qui en fut faite par les Romains, elle étoit à l'égard de *Rome* en citerieure ou prochaine, & en ulterieure ou éloignée, & l'on peut dire avec certitude que les Romains en firent trois Provinces ; *la Betique, la Tarraconoise & la Lisitanique* : La Seconde étoit la plus grande, elle comprenoit la Navarre, la Castille, & l'Arragon ; aujourd'hui on l'a divisé en quinze principales Provinces, dont je vous en instruirai au long le mois prochain, & je vous marquerai EN SECTIONS dans ma Lettre, la situation de chaque Province, son Terroir, ses Rivieres & ses Villes ; je

55

vous dirai à l'égard du Monſieur que vous
m'avez recommandé, comme il ſe fait con-
ſiderer ici par ſon eſprit, & par ſon bon
cœur; la converſation m'a paru d'autant
plus agréable qu'elle tombe ſouvent ſur
votre Merite, & ſur l'atâchement qu'il a
pour vous. Je vous prie de croire que je
n'ai rien perdu de celui, avec lequel j'ai
toûjours fait Profeſſion d'être, &c.

A Madrid ce 1. *Juillet* 1727.

HUITIEME LETTRE.

Qui traite des quinze Royaumes ou Provin-
ces qui compoſent la Monarchie d'Eſpagne.

POur vous ſatisfaire, MONSIEUR,
au ſujet de la Promeſſe que je vous ai
faite par ma precedente; je vous dirai
comme l'air eſt generalement bon en Eſpagne, tout ce qu'on y remarque, qu'il eſt
un peu chaud, ce qui rend le Terroir ſec;
je puis vous dire, portant qu'il y ſeroit fertile s'il étoit cultivé, on y manque des
grains; mais en recompenſe, on y recüille
d'excellens vins, de bons fruits & des
huiles d'olive d'une beauté extraordinaire,
il y a des mines de cuivre, de mercure,
de ſel, d'or, & d'argent, ces deux dernieres
ont été épargnées depuis la découverte de

l'Amerique. Car les Romains tiroient des
fommes immenfes des mines d'Afturie, de
Galice & de Portugal, & les richeffes qui
viennent des Indes en Efpagne, font in-
croyables ; je ne m'arrête pas ici pour
vous d'écrire les mines d'argent de Vil-
lagutierra, & d'Almadouar qui font en
Efpagne ; celles de cuivre & du fer *d'A-
lava*, de *Bifcaye* & de *Guipufcoa*; le Mercure *d'Almadin*, le marbre & l'albâtre,
& les pierres prétieufes des Montagnes, &
le corail des Mers voifines, toutes ces dif-
gretions me meneroient loing ; il me fuffit
de vous dire que le Pays d'Efpagne abonde en beftiaux & furtout en bons chevaux ;
on remarque que ceux *d'Andaloufie* y font
les plus éveillés, & les plus beaux, ceux
d'Afturie lès plus forts, & ceux *du Portugal*, font eftimez pour aller plus vite.

On dit communement en Efpagne les
bons vins de Valence, les huiles, les citrons, les oranges, & autres excellents
fruits de Caftille, les laines & le Betail,
d'Eftramadure & *d'Arragon.*

LES RIVIERES LES PLUS
remarquables d'Efpagne, font:

I. L'Ebre, *Iberus*, il prend fa Source
dans les Montagnes de la vieille
Caftille, près de l'Afturie ; paffe par un
coin de la Navarre; traverfe l'Arragon &
Saragoffe, fa Capitale; par Tortofe en Catalogne

talogne; & fe decharge dans la Mer Mediterranée. (*a*)

I I. Le Guadalquivir, c'eft-à-dire Fleuve grand en Arabe, *Bætis*, il fort des Montagnes de Murcie, paffe par Cordouë & par Seville ; & après avoir traverfé l'Andaloufie, fe jette dans l'Ocean près de Saint Lucar. (*b*)

I I I. La Guadiane, *Anas*, qui fort des Montagnes de la nouvelle Caftille ; & l'ayant prefque toute traverfée ; & une partie du Portugal, fépare le petit Royaume d'Algrave, de l'Andaloufie, & fe decharge dans l'Ocean. (*c*)

I V. Le Tage, *Tagus*, qui prend fa Source dans la nouvelle Caftille, fur les confins de l'Arragon ; & après avoir paffé par Tolede, & traverfé le Portugal, fe jette dans la Mer Occeane au-delà de Lisbonne. (*d*)

V. La Duere, *Durius*, qui fort de la vielle Caftille, qu'elle traverfe avec les Royaumes de Leon & de Portugal. (*e*)

(*a*) *Elle eft la plus fameufe Riviere.*

(*b*) *Cette Riviere eft la plus profonde.*

(*c*) *Cette Riviere va à certains endroits fous Terre.*

(*d*) *Elle eft la plus confiderable par fon Sablon d'Or.*

(*e*) *Cette Riviere eft la plus Poiffonneufe qui foit en Efpagne.*

K

Il y a encore en Espagne, autres deux
Rivieres moins considerables que celles
qu'on vient de rapporter, l'une est la *Minho* qui traverse la Galice du Nord au Sud-
Oüest ; l'autre est l'Arga, qui est en Navarre & en l'Arragon ; & il y a même d'autres Rivieres moins considerables : dont je
vous en rapporterai leur nom dans la suitte
du corps de cette Lettre.

Vous devez sçavoir comme l'Espagne se
trouve bornée au Septentrion par l'Ocean
& les Pirenées ; à l'Occident par l'Ocean,
au Midy par le Détroit de Gibraltar & la
Mer Méditerranée ; & à l'Orient par la
même Mer & une partie des Pirenées ; elle
est entre le 9. dégré & le 23. de longitude,
& entre le 35. dégré 35. min. & le 44.
de latitude ; ce qui fait de l'Oüest à l'Est
environ 120. lieües depuis le Cap de Fines-
terre en Galice, jusqu'à celui de Creuz en
Catalogne, & du Sud au Nord, 170. lieües,
depuis le Détroit de Gibraltar, jusqu'au
Cap de Las-Palmas en Asturie, sa plus
grande longueur est de 260. lieües depuis
le Cap de St Vincent dans le petit Royaume d'Algarve jusqu'aux frontieres de Catalogne les plus éloignées de ce Cap ; c'est-
à-dire, qu'il y a environ 600. lieües de
circuit.

Venons aux quinzes Royaumes ou Provinces d'Espagne, que je vous écrits en
Sections.

SECTION I.

LA BISCAYE.

CEtte Province eſt bornée au Nord par la Mer de Biſcaye, *Oceanus, Cantabricus*; à l'Occident par l'Aſturie; au Midy par la Vieille Caſtille, & l'Orient par la Biſcaye Françoiſe & le Bearn; elle a preſque la figure d'un Rhombe ou Lozange, dont les deux angles aigus regardent l'Eſt & l'Oüeſt, & ſont éloignées l'une de l'autre de 40. lieuës, & les deux angles obtus, poſez au Nord & au Sud le peuvent être d'environ 23. l'air y eſt aſſez temperé à cauſe des montagnes; ſon Terroir inegal & pierreux ne produit guere de bled ni de vin, mais beaucoup de pommes dont on fait d'excellent cidre: on y fait un grand commerce de fer & d'acier, ſoit en armes, en cloux, en ferremens pour les Vaiſſeaux, où en barres, qu'on tranſporte par toute l'Europe: On tire quantité de raiſine de ſes forêts, où il y a beaucoup de gibier. On y conſidere deux Rivieres, celle de *Nervio*, qui traverſe la Biſcaye du Sud au Nord, & celle de *Bidaſſoa*, fameuſe à cauſe de l'Iſle des Faiſans, où l'on fit la Paix de 1659. entre l'Eſpagne & la France.

On y re-marque.	Bilbao. C Durango. S. Andero. Laredo.	En Bifcaye propre.
	Victoria. C. Salvatierra. S. Sabaftien, C	En Alava.
	Fontarabie. Placentia. Tolofa.	En Guipuf-coa.

LA VILLE DE BILBAO.

Bilbao , *Flaviobirga* fur la Riviere de Nervio , ou d'Ybai-cabal à deux lieües de la Mer au 43. Degré 24. Min. de Lat. & au 16. dégré 30. min. de long. cette Ville eft grande & marchande; très-bien bâtie dans un terroir fertile, l'air y excellent & l'on tient qu'elle fut rétablie en 1298.

LA VILLE DE S. SABASTIEN.

Eft un Port de Guipufcoa, à 18. ou à 20. lieües de Bilbao vers l'Orient.

LA VILLE DE VICTORIA.

Victoria, eft la Ville Capitale du petit païs d'Alava, à 15. ou 16. lieües de Bilbao.

SECTION

SECTION II.

L'Afturie *Aftura* aut *Afturiæ* ou *las Afturias.*

CEtte Province eſt ſituée ſur l'Ocean, entre la Galice au couchant, Leon au midi, & la Biſcaye à l'Orient; ſon étenduë eſt d'environ 50. lieuës du couchart au Levant, & à 16. ou 17. du Sud au Nord. C'eſt une Principauté du Royaume de Caſtille; ce Païs n'eſt pas beaucoup fertile, étant couvert des Montagnes, & peu habité. Dans le VIII. Siécle, les Chrêtiens perſecutez par les Sarraſins, ſe reſugierent dans les Forêts des Afturies, ils reconnurent pour Roy; Dom Pelage, qui défit ces Infidéles en 717. On y trouve d'excellens vins, pluſieurs Mines d'or, d'azur & de vermillon, de très-bons chevaux; on diviſe cette Province en deux, qui ſont *les Aſturies d'Oviedo* vers l'Occident, & *les Aſturies de Santillane*, vers l'Orient.

On y remarque
$$\begin{cases} \textit{Oviedo}, \text{ Evêché. Cap.} \\ \textit{Santillane.} \\ \textit{Aviles.} \\ \textit{Villa Vicioſa.} \\ \textit{Ribadeſella.} \\ \textit{Llanes.} \end{cases}$$

La Ville d'Ovidedo, *Ovietum* eſt entre les Montagnes, ſur la petite Riviere de la Deve, avec Univerſité & Evêché Suffra-

L

gant, autre fois de Compoftelle. Il faut remarquer que la Ville & Port de Saint André, ou, *Andero* qui étoit autre fois de Bifcaye ; eft maintenant , des Afturies de Santillane vers la Ville de Llanes ; elle fut faite Metropole dans un Concile , fon Eglife Metropolitaine eft un Lieu de grande Devotion qu'on appelle Saint Salvador , elle eft entourée de belles Maifons bâties fur des Portiques. Cette Ville a donné fon nom à un Royaume qui y fût rétabli par les Chrêtiens , chaffez par les Maures ; Pelage en fût le premier Roy , environ l'an 7·7. & fes Succeffeurs en porterent le nom jufqu'en 913. qu'Ordonne II. prit celui de Roy de Leon.

SECTION III.

La Galice *Gallizia* ou *Gallæcia.*

CE Païs eft fur l'Ocean , entre l'Afturie , & Leon à l'Orient , & le Portugal au Midi. La Galice a de longueur , foixante lieuës , du Nord-Oüeft au Sud-Eft ; & cinquante du Sud au Nord, & cent-vingt des Côtes fur l'Ocean Septentrional & Occidental. Cette Province étoit beaucoup plus étenduë autre fois , fous le Nom de Royaume : elle n'a que fix Villes Epifcopales , ou Citez , & quarante-un

Ports. L'Air y eſt fort temperé; beaucoup
humide, & peu ſein, à cauſe de la quantité des ſources d'eaux chaudes qu'il y a
en bien des endroits.

Le Terroir, partagé en montagnes & en
vallées, ne produit guere de bled ni d'o-
lives; il eſt pourtant abondant en vins
délicats & en bois. On y trouve des mines d'or, de cuivre, de plomb, de fer &
de vermillon : La Riviere de Cilinca,
donne de l'or par ſes ſablons : Il y a du
menu Bêtail; des Chevaux & des Mulets
qui vont très-vîte : Les Rivieres principales ſont, Minho, l'Avia, le Sil, la
Cilinca, la Miranda, la Tambre & l'Ulla.
Au Nord on voit la Courune, le plus
fameux Port d'Eſpagne, & le Cap de Finiſterre, qui eſt à ſon couchant.

On y remar-
que
{
Compoſtelle, Arch. **Cap.**
Lugo, Evêch.
Mondonedo, Evêché.
La Coruna, Evêché. P.
Tuy, Evêché.
Orenſe, Evêché.
Serreal
Bayona.
Finiſterre.
Mongia.
Elpadron.
Viana.
Monterei.
}

La Ville de Compoſtelle *Brigatium*, au

Janafum, & par les Espagnols, *San Iago de Compostella*, avec Université & Archevêché

Les Espagnols donnent la qualité de devote à cette Ville ; elle est au 41. dégré 36. min. de latit. & au 10. dégré 48. min. de long. elle est entre les Rivieres d'Ulla & de Tambre : il y a un Hôpital très-fameux pour les Pelerins : on y voit l'Eglise de Saint Jacques, la plus celebre du Royaume : Alfonse le Chaste la fonda en 815. dans l'endroit où les Reliques de cet Apôtre furent trouvées par l'Evêque Theodomire : L'Image de St. Jacques qui est sur le grand Autel est toûjours éclairée de 50. Cierges blancs, & trois Lampes d'argent. Calixte II. qui avoit une devotion particuliere à ce Saint, transporta le droit de Metropole dans cette Ville en 1123. Merida joüissoit auparavant de ce Privilege, & lui donna onze Suffragans, fans compter celui de Placentia, que l'on y a ajoûté depuis ce tems-là.

LA VILLE DE LUGO.

La Ville de Lugo, *Lucus Augusti*, *Turris Augusti* aut *Aræ Sextianæ*, est sur la gauche de Minho, avec Evêché Suffragant de Compostelle ; elle est fort ancienne, & fut prise par les Maures ; le Roy Alfonse l'a leur réprit en 753. On y trouve des fontaines d'eau chaude & boüillante ; elle est éloignée de Compostelle, d'environ 27. lieuës vers le Nord-est.

LA VILLE D'ORENSE.

Orenfe , *Auria* , *aut Amphilochia* , aut *Aquæ Calidæ* , eft fur la gauche du Minho , à 27. lieuës de Compoftelle vers le Sud-Eft , avec Evêché , Suffragant de la Capitale de cette Province ; elle eft fort fameufe par fes Eaux chaudes , qui font fouveraines pour plufieurs fortes de maladies , utiles pour les Taneurs & autres Artifans.

LA VILLE DE MONDONEDO.

Mondonedo , *Mindon* , aut *Mindonia* , aut *Glandomirum* , eft fur une petite Riviere , à 30. lieuës de Compoftelle vers le Nord-Eft , dont elle eft Evêché Suffragant , & à 4. ou 5. lieuës de la Mer , entre des Montagnes ; c'eft une petite Ville & peu peuplée.

LA VILLE DE LA CORUNNA.

La Corunna ou Courune , *Coranium* , aut *Adrabicum* , eft un fameux Port de Mer , fur un Golfe dans la partie feptentrionale avec Evêché Suffragant de Compoftelle.

LA VILLE DE TUY.

Tuy , *Tuda* eft une Ville près de la droite de Minho , avec Evêché Suffragant de Compoftelle , dont elle eft éloignée d'environ 28. lieuës vers le Sud.

SECTION IV.

L'Andaloufie , *Andaluzia* , aut *Vandalitia.*

CEtte Province comprend prefque toute l'ancienne Betique ; elle a la Grenade à

l'Orient , l'Ocean & la Mer Mediterranée
au Midy , le Portugal au Couchant , où la
Guadiane la separe de l'Algarve ; l'Eſtrama-
dure & la Caſtille Neuve au Septentrion,
la Riviere de Guadalquivir la partage en
deux par ſon cours d'Orient en Occident
juſqu'à Seville ; & de là , tire au Sud-
Oüeſt juſqu'à l'Ocean ; ſa plus grande longueur peut avoir 85. lieuës , ſa plus grande
largeur , 60. ou 50. lieuës de Côtes ſur
l'Ocean , 12. ſur le Détroit , & 10. ſur la
Mer Mediterranée ; c'eſt la Province d'Eſpagne la plus fertile ; on l'appelle auſſi le
Grenier & la Cave de ce Royaume ; on y
eſtime beaucoup les Chevaux , qui ſont
très-beaux , & qui vont très-vite : ſon nom
vient des Vandales, qui s'y établirent dans
le cinquiéme ſiecle : les Mores enſuite firent
de même : ils y fonderent les deux Royaumes , de Cordouë & de Seville : Ferdinand
III. les joignit à la Caſtille après avoir
pris Cordoué en 1236. & Seville en 1248.
on y voit aux environs de Seville , des
forêts entieres d'Oliviers dont on tire juſ-
60000. quintaux d'huile tous les ans : il y
a abondance de gibier , de miel , de cire ,
de ſucre , de ſoye , de coton , de chamvre ,
de toutes ſortes de fruits : on y trouve des
mines d'argent , de cuivre , de plomb , de
mercure , de vermillon , d'antimoine ; &
près de Moron : une d'aimant : on y fait
de très-beau ſel. La pêche des tons , aux

environs de Cadis , raporte tous les ans ,
au seul Duc de Medina Sidonia , 100000.
écus de rente : on transporte ce sel & ces
tons en Angleterre & en Italie : il y manque pourtant d'eau en bien des endroits,
où on ne trouve ni dequoi boire ni de quoi
manger ; ce qui fait qu'on y rencontre souvent des Voyageurs morts de soif ou de
faim. Les principales Rivieres sont , le Guadalquivir , le Xenil , la Gaudalete , le Tinto
& l'Odier.

On y remar-que	*Seville* , Archev. Cap.
	Cordouë , Eveché.
	Cadis , Eveché.
	Jaen , Evêché.
	Medina - Sidonia D.
	S. Lucar.
* Cette Ville est à present sous la domination des Anglois	*Gibraltar* , *Forteresse* *
	Xeres de la Frontera.
	Eciza , Cité.
	Montemajor.
	Anduxar.
	Baesa.
	Arcos. D.
	Ascala Niebra. D.

LA VILLE DE SEVILLE.

Seville , *Hispalis ad Bætim* , aut *Hispal*,
est située sur le Guadalquivir , avec Ar-
chevéché ; c'est la plus grande Ville d'Espagne après Madrid ; elle est la plus riche
& la plus marchande : Cette Ville est au
37. dégeé de latitude & au 13. dégré 18.

minutes de longitude. La figure de cette Ville est presque ronde ; elle renferme plusieurs Palais très - magnifiques , quantité de belles Eglises & de grandes Places qui ont chacune des fontaines dont les eaux sont portées par un aqueduc de cinq ou six lieuës loin de la Ville : L'Eglise Metropolitaine est extrémement grande & magnifique ; elle a cent soixante pas de long & cent de large avec des Chappélles tout à l'entour ; un beau Chœur ; une Sacristie très - riche , Il y a encore une Université , une Inquisition , & la Tour d'Or ; c'est-à-dire , un endroit où l'on bat la Monoye , c'est la seule Ville en Espagne avec Segovie où l'on fabrique la Monoye d'or & d'argent : C'est dans cette Ville où l'on décharge toutes les richesses de l'Amerique , & une partie de celles des Indes Orientales : On dit que dans le Bureau des Indes , qu'on y appelle *la Caza de la Contratation de las Indias* , le Compte monte tous les ans à plus de trente millions : enfin , on dit en commun proverbe ; *quien no ha visto Sevilla , non ha visto maravilla :* Les Espagnols l'appellent la Marchande.

LA VILLE DE CORDOUE.

Cordouë , *Corduba* , est sur le Guadalquivir dans une plaine , avec Evêché Suffragant de Tolede , à 25. lieuës de Seville vers l'Orient , au 37. dégré 18. min. de latit. & au 34. dégré 42. min. de long.

Cette

Cette Ville fût autre fois Capitale d'un
Royaume des Mores; de même nom, ils
y bâtirent une Mosquée très-magnifique,
qui est aujourd'hui la Cathédrale; cette
Ville est encore celebre par la Naissance
de deux Seneques, le Philosophe & le Poëte, de Lucain le Poëte, du grand Capitaine Goncales, d'Ambroise Morales His-
torien, Averroës & Avicenne y ont aussi
enseigné, le terroir aux environs y est très-
fertile.

LA VILLE DE CADIS.

Cadis ou *Gaditanus Sinus*, est dans une
Presqu'isle, avec Evêché Suffragant de Seville; cette Ville est au 36. dégré de latitude, & au 12. dégré 42. minutes de long
La Ville de Cadis a un très-bon Port fort
commode pour toutes sortes de bâtimens,
qui y arrivent de toutes parts, on y fait
une péche de Tons très-considerable, depuis le 1. de May jusques au 15. de Juin.
On y voit encore les Colomnes d'Hercule,
où les Anciens croyoient qu'étoit le bout
du monde; cette Ville est située dans une
plaine fertile en excellens vins & en fruits,
est très-bien fortifiée par des fortes murailles, de bons bastions, par quantité de
canons, & par quatre ou cinq forts qui
regardent sur la Mer; cependant les An-
glois ne laisserent pas de la saccager en
1596.

LA VILLE DE JAEN.

Jaen *Gennium* aut *Gienna*, eſt ſur la Riviere de Frio, à 9. lieuës de Grenade vers le Nord, avec Evêché Suffragant de Seville, elle a eû autre fois le Titre de Royaume auſſi bien que Seville & Cordouë.

SECTION V.

Le Royaume de Grenade, *Regnum Granatenſe.*

CE Païs qui tite ſon nom de ſa Ville-Capitale, eſt une partie de l'Ancienne *Betique*; ſa ſituation eſt ſur la côte de la Mer Mediterranée du côté du midi, ayant au couchant & au ſeptentrion l'Andalouſie, & une partie de la Caſtille nouvelle, & à l'Orient le Royaume de Murcie & la Mediterranée, ſon étenduë d'Occident en Orient, eſt d'environ quatre-vingt deux lieuës, & du Sud au Nord trente-deux & 94. de Côtes, ſans y comprendre les petits Golphes. L'Air y eſt ſerain & temperé; le terroir n'y eſt pas ſi montagneux, n'y ſi ſec qu'aux autres endroits d'Eſpagne, il produit d'excellens melons, des fruits delicieux, des figues, de bons raiſins, du miel, de la cire, du ſucre, de la ſoye. On y fait quantité de Confitures & de Sirops; on y trouve de Grenats, des Jacintes & d'autres Pierres precieuſes: on pêche ſur les Côtes une infinité de ſardines, les Fontaines &

les Ruiſſeaux ont des eaux favorables pour
divers maux. ; les principles Rivieres ſont
le Xenil , le d'Arro qui paſſe à Grenade ,
la Greve où l'on trouve de l'Or & le Gau-
dalentin.

On y re-
marque

Grenade , Arch. Cap.
Guadix , Evêch.
Almeria , Evêch.
Malaga , Evêch.
Santafé , Cité.
Loxa , Cité.
Xonda , Cité.
Baca , Cité.
Alhama.
Adra.
Anteguera.
Salobrenna.

LA VILLE DE GRENADE.

Grenade , *Granatum* aut *Granata* , eſt ſur
le d'Arro ; partie ſur des Colines , partie
dans la plaine , au 37. dégré de latitude, &
au 16. dégré de longitude : On dit que c'eſt
la plus grande Ville d'Eſpagne ; il y a un
Archevêché & une Univerſité ; il faut auſſi
remarquer que cette Ville eſt la plus commode en Eſté à cauſe de la pureté de l'air
& du grand nombre des Fontaines qu'il
y a ; elle eſt ornée de quantité de ſuper-
bes bâtimens, ſes murailles ont 4. lieuës
de tour & ſe trouvent flanquées de 1030.
Tours avec leurs Creneaux, 12. portes,
plus de 1000. Fontaines, on la diviſe ordi-

xairement en quatre parties , à ſçavoir ; 1.
Grenade , 2. *Alhambre* , 3. *Albaizin* , 4. *An-*
tiquerula.

Dans le premier Quartier qui eſt le plus
agréable , habitent quantité d'Eccleſiaſti-
ques , de Nobleſſe & de Riches Marchands
tous logez magnifiquement , avec un Jar-
din à chaque maiſon ; on y voit la Cathédrale avec la Riche Chapelle , où repoſent
les Corps de Ferdinand & d'Iſabelle , qui
conquirent cette Ville ſur les Mores ; près
de là eſt un ancien Temple ou Moſquée
de ces Infidéles Africains , & le Palais de la
Chancellerie.

Le ſecond Quartier , ou *l'Alhambre* , eſt
ſitué au haut de la Coline , où ſe trouve
le ſuperbe Palais des Roys Mores ; il reſſem-
ble à une grande Ville , il eſt ceint des murailles flanquées de 30. Tours , & peut tenir
aiſément 40000. hommes pour ſa deffenſe ;
le dedans du Palais eſt de jaſpe & de por-
phire , les planchers & les murs dorez ,
avec quantité d'inſcriptions Arabiques &
Moſaïques : à l'entrée il y a une Fontaine
dont le Baſſin de Marbre blanc eſt ſoutenu
par 12. Lyons , l'eau qu'elle jette fort haut
étant retombée dans le même Baſſin , coule
par 365. Canaux , & fait autant des reſer-
voirs où les Roys & les Reines de Grenade paſſoient agréablement les grandes
Chaleurs. On y voit le Palais Royal , bâti
par Philippe II. qui eſt auſſi très-magnifique

que, & la Chapelle des Martirs.

Le troisiéme Quartier est situé sur deux Colines pleines de Maisons, où les Mores se tenoient seuls.

Le quatriéme Quartier est habité par les Ouvriers de draps de soye, du tems du Roy Buliagis ; cette Ville étoit composée de 70000. maisons, & en 1311, il y avoit 200000. personnes ; aujourd'hui elle n'est pas beaucoup peuplée, elle fut prise sur les Mores en 1492. par Ferdinand V. Roy d'Espagne, les Espagnols par la qualité qu'ils donnent à cette Ville, ils l'appelent Grenade la Grande.

LA VILLE DE GUADIX.

Guadix, *Gaudicium* est vers les Sources de la Riviere de Guadalentin, à 20. lieuës de Grenade vers l'Orient ; c'est un Evêché Suffragant de Grenade, elle fut conquise sur les Mores par Ferdinand & Isabelle en 1489.

LA VILLE DE ALMERIE.

Almerie, *Almeria*, aut *Portus Magnus*, est près du Cap de Gata dans un païs fertile avec Evêché Suffragant de Grenade : Du tems des Sarrasins, elle eut un Roi appellé *Abenhut*: Alfonse Roi de Castille la prit aux Infidéles.

LA VILLE DE MALAGA.

Malaga est prés de la petite Riviere de

Guadalquivirejo, avec Port de mer,& Evêché Suffragant de Grenade ; elle eft fameufe par fes excellens vins , & par fes
deux Forterefses.

SECTION VI.

Le Royaume de Murcie , *Murcianum Regnum*

CE Païs tire fon nom de fa Capitale
auffi-bien que ceux de Grenade , de
Valence & de Leon ; il eft prefque en
forme de Lozange ; tellement , que le païs
eft borné au Nord-Eft par le Royaume de
Valence ; au Sud-Eft par la Mer Mediterranée ; au Sud-Oüeft par le Royaume de Grenade , & au Nord-Oüeft par la Nouvelle
Caftille; fon étenduë du Nord-Oüeft au Sud
Eft, eft d'environ 30. lieuës , & du Nord-Eft
au Sud-Oüeft de 25. l'air y eft fain; le terroir
n'y eft guere fertile en bled ni en vin ; il
y a quantité d'excellens fruits , comme li-
mons , citrons , oranges , olives, aman-
des, ris, pois , lentilles, cannes à fucre,
miel, foye: on y trouve auffi plufieurs ro-
chés d'alun , d'ametiftes , & de Calcidoine.
Ce Royaume a été fondé & poffedé par les
Mores , & tomba fous la domination du
Roi de Caftille dans le treiziéme fiecle:
Les principales Rivieres font la Segura , le

Guadalentin, qui le traverfent de l'Occident au Sud-Eft : il y pleut rarement , ce qui fait qu'il y manque fouvent d'eau.

On y re-
marque.
{ *Murcie.* Capitale.
{ *Cartagene.* Evêché.
{ *Lorea..*
{ *CaraVaca.*
{ *Almacarere.*

LA VILLE DE MURCIE.

Murcie , *Murcia* , eft fur la Riviere de Segura , dans une plaine au 37. dégré D. 18. min. de lat. au 18. D. 24. min. de longitude : on y remarque , entr'autres chofes, la montée du Clocher de la Cathedrale *Sainte Marie* ; il eft fi bien tourné, qu'un chariot y peut aifement monter jufqu'à la cime : Cette Eglife a plus de 400. Chapelles. Cette Ville a toutes fortes de fruits , & les plus beaux jardins d'Efpagne ; il y a fep Paroiffes.

LA VILLE DE CARTAGENE.

Cartagene , *Carthago-Nova* , & *Spartaria* , eft un Evêché , Suffragant de Tolede , dans un beau païs : on y remarque quatre chofes ; le plus fameux & le meilleur Port de toute l'Efpagne , la pêche des Maqueraux, qui fe fait vers une petite Ifle vis-à-vis du Port , l'abondance d'efparte ou jonc , dont on fait les Cabas , & fes Mines de Pierres précieufes : elle eft fort marchande & bien

défenduë par une Forterefse. Scipion l'Afri-
cain la prit après un long fiege, qui caufa
la mort à plus de 50000. hommes.

CARAVACA.

Caravaca, *Crux de Caravaca* eft un Villa-
ge dans les Montagnes, vers les Frontieres
de la nouvelle Caftille, près de la Riviere
de Segura ; on y conferve une Croix de
Bois miraculeufe qu'un Ange parta à un
Prêtre qui devoit dire la Mefse en la pre-
fence d'un Roy More ; c'eft cette Croix
qu'on fait toucher à celles que l'on porte
par devotion fous le même nom.

SECTION VII.

Le Royaume de Valence, *Valentiæ Regnum.*

CE Païs ainfi appellé de fa Capitale,
eft borné au Nord par l'Arragon, à
l'Orient par la Catalogne, & la Mer au
Sud par la Murcie, & au couchant par la
nouvelle Caftille fon étenduë du Sud au
Nord, eft d'environ 70. lieuës & 28. dans
fa plus grande largeur de l'Eft à l'Oüeft.
L'Air y eft doux & temperé en tout tems,
ce Païs n'eft guere fertile en bled ; mais il
abonde en vin, ris, olives, citrons, oranges, fucre, foye, lin, chanvre & en toute

forte d'arbres frutiers qui font chargez de
fleurs & des fruits toute l'année, comme
dans un printems continuel ; il y a des
mines d'or, d'argent, de fer, d'alun, d'albatre & de pierre de lapis. On y prend
quantité de poiſſon ſurtout des tons, des
alozes, des anguilles & des oiſeaux de rivieres de diverſes eſpeces ; on en prend une
infinité entre Valence & l'embouchure du
Xucar dans une eſpece de ſac, que forme
la Mer ; & qu'on appelle Albufere. Ses principales Rivieres ſont *Guadalaviar*, *le Xucar*,
la Morvedre, *la Segura* & *le Millos*,

On y re-
marque

{
Valence, Arch. Cap.
Segorbe, Evêch.
Orivelha, Evêch.
}
{
Villa Hermoſa, Duché.
S. Matheo.
Alzira.
}
{
Biar.
Xatira.
Alicante, Principauté.
Monteſa.
Morvedre.
}

LA VILLE DE VALENCE.

Valence, *Valentia Conteſtanorum* eſt ſur la
Riviere de Guadalaviar à une mille de la
Mer, au 38. dégré 33. min. de lat. & au
19. dégré 10. min. de long. Cette Ville a

une Université & un Archevêché; ses ruës
sont fort sales en Hyver, & poudreuses en
Esté, à cause qu'elles sont mal pavées: elle
est fort marchande & de figure ronde; c'est
le séjour du *Vice-Roy*, & de la Noblesse du
Païs, le Palais de la Ciuta, celui du *Vice-
Roy*, le Monastere de St. Jerôme, la Metropole, divers Colleges méritent la curiosité des Estrangers: Alexandre VI. y fonda
l'Archevêché en 1492. ce Royaume y fût
établi par les Mores. Le fameux Rüis ou
Rodrigues Dias surnommé le Cid, leur prit
cette Ville sur la fin de l'onziéme Siécle;
ils la reprirent quelque tems après, & Jacques I. Roy d'Arragon, l'a leur enleva
avec tout le reste du Païs, & la peupla
de diverses familles des Chrêtiens, les Espagnols d'aujourd'hui donnent la qualité
debelle à la Ville de Valence.

LA VILLE DE SEGORVE.

Segorve, *Segorvia* aut *Segorbia* aut *Sego-
briga*, est sur une Riviere à 10. lieuës de
Valence, & à 8. de la Mer; avec Evêché
Suffragant de Valence.

LA VILLE DE ORIVELHA.

Orivelha, *Oriolanus* & *Horiguala* en Espagnol, est sur la Riviere de Segura, à 3.
ou 4. lieuës de la Mer; avec Evêché Suffragant de Valence.

LA VILLE D'ALICANTE P.

Alicante, *Alone*, eft une Ville fur la Mer avec un bon Port, où fe fait un grand Commerce de vin, & de toutes fortes des fruits du Païs; elle eft fituée au pied d'une Montagne, où il y a un bon Chateau; il y a auffi une Rade très-commode pour toute forte de petits bâtimens, le Port n'ayant pas beaucoup de profondeur.

SECTION VIII.

La Catalogne, *Cotalonia*, aut *Catalaunia*.

Cette Principauté, qui tire fon nom des Goths & des Alains qui s'y établirent, eft bornée au Nord par les Pirenées, la Gafcogne, le Languedoc & par le Rouffillon; au couchant par les Royaumes d'Arragon & de Valence, au midi & au levant par la Mer Mediterranée; elle a du Sud au Nord environ 70. lieuës, 60. de l'Occident à l'Orient, & 100. de Côtes depuis les Frontieres du Royaume de Valence jufqu'à celles du Rouffillon. L'Air y eft doux, fain & agréable; le terroir inégal & montagneux; il eft affez fertile en grains, vin, huile, lin & fruits, on y trouve de lieges, des chataigners & autres bois propres a bâtir; il n'y croit de cannes à fucre n'y d'efparte. On y trouve l'herbe *Eftorzenera* merveilleufe contre le venin & le mal des yeux, il y a des Mines d'or, d'argent, de fer, d'alun, de vitriol & de fel, dont il y en a une du dernier une grande quantité; dans les Montagnes on rencontre des Amethiftes, des Aathes-Onices de l'Albatre, de l'Azur, du Criftal & du Jafpe, fur la Côte plus Orientale du Corail.

Les Rivieres principales font *l'Ebre*, *le Segre*, *la Cinga* où fe décharge *la Noguera*, *Kibagorzana*, *la Noguera*, *Pallerefa* qui vient des Pirenées, & fe rend dans le *Segre*, le *l'Obregat* qui s'embouche dans la Mer à 6. lieuës de Barcelonne, le *Ter* qui paffe à Gironne, & le *Tet* à Perpignan.

On comprend fur la Catalogne les Duchez de Cardonne & de Rouffillon, ce dernier appartient à la France. Charles Martel donna du fecours aux Catalans contre les Mores, du tems de Charlemagne un de ces Infidéles fe rendit Maître du Païs; Loüis le Debonnaire prit Barcelonne fur les Mores.

Cette Province eût des Princes particuliers jufqu'à-ce qu'elle fût unie à l'Arragon, les Catelans fe donnerent à la France en 1640. A quoi Jofeph Marguerit Gentil-homme du Païs, contribüa beaucoup par les Articles 42. & 43. du Traité de Paix de 1659. entre la France & l'Efpagne; on declara que les Pirenées feroient la divifion de deux Royaumes.

Barcelone

On y re-
marque.
{
Barcelone, Evêché. Cap.
Tarragone, Archevêché.
Tortose, Evêché.
Lerida, Evêché.
Solsone, Evêché.
Vich, Evêché.
Girone, Evêché.
La Seu-d'Urgel, Evêché.
Cardone, D.
Cervere.
Balaguer.
Puicerda.
Rofes, P.
}

LA VILLE DE BARCELONE.

Barcelone, *Barcelona*, aut *Barcinona*, est
fur la Mer dans une plaine, entre le Mont
Luye & la Riviere de Betule; elle eft à 41
dégrez 6. min. de latitude, & au 21 dégré de longitude: cette Ville eft avec titre
de Comté, Port de mer, Cour Souveraine,
Université, Inquifition & Evêché; Suffragant de Tarragone: elle eft riche, & qua-
lifiée telle par les Efpagnols: cette Ville eft
belle, bien fortifiée & très-ancienne: on
y fait un grand commerce de Draps & de
bonnes Couvertures fous le nom de *cate-
lognes*: fes ruës font pavées de pierres fort
larges, ce qui les rend belles & nettes.

On la divise en vieille & nouvelle Ville,
toutes deux feparées par des murailles &
par quelques portes; on a fortifié l'une &

O

l'autre par une seconde muraille, avec des foſſes à fond de cuve, de hauts Remparts & avec quelques Tours & Baſtions. On croît qu'elle a été Republique, & que c'eſt la Ville que Pline apelle *Faventia*, comme rapporte Antonius-Auguſtinus; quoiqu'il en ſoit, elle fut ſoumiſe aux Romains, puis dans le V. Siécle aux Vuiſigoths, & leur premier Roy *Ataulfey* fut aſſaſſiné en 415. dans le VII. Siécle, les Sarraſins s'en ren-dirent maîtres, les Eſpagnols ne la pu-rent réprendre, quelques éforts qu'ils fi-rent, cet honneur fut reſervé aux François qui la prirent en 801. Charlemagne en don-na le Gouvernement, à Bera ou Bernard, & Loüis *Le Debonnaire*, le lui continüa.

Ces Gouverneurs ſe qualifioient de Com-tes; ils n'en furent Proprietaires que ſous Charles *Le Chauve*, en 873. ou ſous Char-les *Le Gros*, en 884. Le premier de ces Com-tes Proprietaires fut Geofroi ou Vuifred *Le Velu*, mort en 914. il laiſſa Miron decedé en 929. auquel Vuifred II. ſon Fils ou ſon Frere ſucceda, qui mourut ſans poſterité en 967. Borel Fils d'un autre Seniofrid ou Vuifred Comte Durgel, ſe fit declarer Com-te de Barcelonne, comme le plus proche parent, & mourut en 993. il laiſſa Roïmond I. *Borel*, à qui Berenguier ou Borel ſon Fils ſucceda, en 1017. il deceda en 1035. il eut Raymond II. *Le Vieux*, mort en 1076. Ray-mond III. Berenguier *Le Jeune*, & *Tête*

d'Etoupes, son Fils lui succeda, & murut
en 1082, il laissa Raymond IV. le plus sage
& le plus heureux Prince de son temps,
decede en 1130. Raymond V. son Fils de-
vint Roy d'Arragon par son Mariage avec
Patronille Fille Unique de Ramir II. *Le
Moine* Roy d'Arragon ; il l'Epousa l'onziéme d'Août de l'an 1137. Ensuite le Comte
de Barcelonne étant uni avec celui de Catalogne, fit un même état avec l'Arragon,
à cause que Raymond V. laissa Alphonse,
dont la posterité a Regné dans ce même
état jusqu'après la mort de Jean I. en 1395.
Ces Etats furent alors usurpez par Martri
son Frere puî-né au préjudice de sa Fille
Jolan, mariée en 1400. à Loüis II. Roy
de Naples, & les Habitans mécontans de
la maniere d'agir des Arragonnois, s'éri-
gerent durant quelque tems en Republi-
cains, puis craignant d'être vaincus par
leurs Voisins, ils appellerent les Princes
de la maison d'Anjou, par une celebre Em-
bassade à René Roy de Naples Comte de
Provence, pour le prier de venir faire va-
loir ses Droits, & prendre possession du
Royaume d'Arragon ; son Fils Jean d'Anjou Duc de Calabre se mit en Campagne
pour ce sujet, remporta divers avantages,
& murut à Barcelonne en 1470, les Princes alors de la maison d'Anjou, ayant man-
qué les Barcelloniens, furent obligez d'o-
béïr à Jean II. Roy d'Arragon. Cependant

Charles du Maine Succeſſeur du Roy René,
en 1480. nomma ſon Heritier univerſel le
Roy Loüis XI. à qui ce Teſtament en 1481.
remettoit tous ſes Droits ſur l'Arragon &
le Comté de Barcelonne : mais les Guerres
de François I. en Italie firent negliger ces
Droits à la France, & l'Empereur Charles,
V. les croyoit ſi legitimes que par le traté
de Creſpi, de l'an 1544. il en tira du Roy
François I. une ceſſion, quoiqu'il ne la pût
pas faire.

Les Catalans en 1640. ayant ſecoué le
joug des Eſpagnols, appellerent les François qui furent maltraitez dans Barcelonne,
en 1652. que cette Ville fut priſe pendant
les Guerres civiles de France, après un
Siége d'un an & trois mois ; les François,
ſous le Commandement du Duc de Ven-
dôme, la prirent en 1697. quoiqu'il y eut
quinze ou ſeize mille Hommes de Troupes
reglées dans la Place ; on la rendit par la
paix de Riſvich, en l'an 1697. avec tous
les Forts Fortifications qui en dépendent,
le tout dans le même état qu'il s'eſt trouvé le jour de la priſe, avec toutes ſes dépendances. C'eſt ainſi qu'on rendit auſſi
par ſe même Traité Gironne, Roſes & Bel-
ver, auſſi bien que tous les autres Lieux,
Forts & Chateaux, generalement quels
qu'ils puiſſent être, qui avoient été occu-
pez durant cette Guerre par les Armées
de Sa Majeſté Très-Chrétienne, & depuis
le

Traité de Nimegue dans la Principauté de
Catalogne, ou ailleurs en Espagne & leurs
dépendances & annexes furent remises dans
l'état qu'on les trouva pour lors, sans rien
retenir, reserver, ni détériorer.

LA VILLE DE TARRAGONE.

Tarragone, *Tarraco*, est sur la Mer avec
Archevêché; elle fut bâtie & fortifiée par
les Scipions; elle a été célebre autre-fois,
mais aujourd'hui, elle est peu considerable.

LA VILLE DE TORTOSE.

Tortose, *Dertusa*, aut *Dertosa*, est sur
l'Ebre à 4. ou 5. lieuës de la Mer avec
Evêché, Suffragant de Tarragone; elle fut
prise par les François en 1649. on la leur
reprit l'année suivante : il y a en Phénicie
une autre Ville de même nom, appellée
en Latin *Orthosia*, aut *Antaradus*.

LA VILLE DE LERIDA.

Lerida, *Lelida* en Espagnol, & *Ilerda* en
Latin, est sur la Riviere de Segré avec
Evêché, Suffragant de Tarragone; elle est
fameuse par les siéges qu'elle a soutenus
pendant les dernieres Guerres de France
& d'Espagne & par les Batailles qu'on a
données devant ses murailles en 1644. 46.
& 47. Ce fut l'endroit où Cesar remporta
la Victoire sur les Troupes d'Afraninus &

de Petrejus, qui étoient du parti de Pompée : Il y a une Académie qui étoit autrefois fort célébre.

LA VILLE DE SOLSONE.

Solsone est une Ville sur une petite Riviere à 10. lieués de Lerida vers le Nord-Est, avec Evêché, Suffragant de Tarragone.

LA VILLE DE VICH.

Vich , *Vique* , aut. *Ausa nova* , *Corbio* , *Vicus & Aquæ Viconiæ* , est sur le Ter, avec Evêché, Suffragant de Tarragone, à 14. ou 15. lieuës de Barcelone vers le Nord.

LA VILLE DE GIRONE.

Girone , *Gerunda* est sur le Ter , avec Evêché, Suffragant de Tarragone ; elle est ancienne & bien fortifiée ; il y a une grande ruë de la longueur de la Ville avec divers Fauxbourgs considerables ; elle est bien fortifiée : les François la prirent en 1693. & la rendirent par la Paix de Risvich en 1697.

LA VILLE DE LA SEU D'URGEL.

Laseu d'Urgel, *Orgecum*, aut *Orgia*, aut *Orgella*, est sur le Segre avec Evêché, Suffragant de Tarragone.

CARDONE.

Cardonne est un Bourg avec Titre de

Duché, fur une Riviere de même nom, dans les Montagnes, à 4. lieuës de Solfone, & à 10. ou 12. de Montferrat : il y a des mines de Sel ; il eft celebre pour avoir donné le nom aux illuftres Seigneurs de la Maifon de Folch.

ROSES.

Rofes, en Latin, *Rhoda* ou *Rodopolis*, eft une Place forte, un Port de mer, près du Cap de Creux ; elle fut prife par les François en 1645. & renduë par la Paix des Pirenées ; les François la prirent encore en 1692, & l'ont renduë par la Paix de Rifvich en 1697.

Puicerda eft la Ville Capitale du Comté de Cerdaigne, au couchant de celui de Rouffillon, entre la France & l'Efpagne.

SECTION IX.

L'Arragon, *Tarraconenfis Hifpania*, aut *Antrigones*.

CEtte Province, qui comprend le Païs des Anciens *Celtiberes* & des *Jacetans*, tire fon nom de la Riviere d'Arragon qui y prend fa fource vers les Pirenées ; il contient encore les anciens Royaumes de *Sobrarbe* & de *Gibagorza*, fituez aux environs & à l'Orient du Cinga ; il eft borné au

P ij

Septentrion par les Pirénées & la France ;
au Couchant, par la Navarre & les deux
Caſtilles ; au Midi par le Royaume de Valence ; & à l'Orient par la Catalogne ; ſon
étenduë du Sud au Nord, eſt d'environ 90.
lieuës, & de l'Oüeſt à l'Eſt, de 48. l'air y
eſt fort ſain, le Terroir extrémément ſec,
montagneux, nitreux en pluſieurs endroits ;
les Valées y produiſent du bled & du vin ;
on y trouve des mines d'or & de fer excellent ; il y a dans les forêts & ſur les
montagnes, des Dains, des Chevreüils,
des Cerfs, des Sangliers & autres ani-
maux ſauvages ; ce Païs eſt très-mal cultivé & peu habité ; ſes principales Rivières ſont l'Ebre qui le traverſent du Nord
au Sud-Eſt ; la *Cinga*, qui ſort du mont
de Bielſa, & paſſe à Frega, le *Gallego* qui
ſort du mont - Gabas près de Bigorre ;
Larragon qui ſort près de là, *Gaerva* qui
paſſe à Saragoſſe ; *Xalon* qui paſſe à Calatayud : ces Rivieres ſe rendent toûtes dans
l'Ebro.

On y re-
marque

- *Saragoſſe*, Archv. Capitale.
- *Tarragone*, Evêché.
- *Hueſca*, Evêché.
- *Jacca*, Evêché.
- *Balbaſtro*, Evêché.
- *Albarzin*, Evêché.
- *Terver*, Evêché.
- *Venaſco*,

{
Moncon.
Fuentes.
Boria.
Calatayud.

LA VILLE DE SARAGOSSE.

Saragosse, *Cæsar Augusta*, est sur l'*Ebre* avec Archevêché, Parlement, Université, Inquisition, située dans une campagne très-agréable au 41. dégré 6. min. de latitude & au 19. dégré de longitude ; c'est une Ville très ancienne, aujourd'hui elle n'est pas si considerable qu'elle a été ; son Hôpital est un des plus riches de la Chrétienté ; son Université est fort considerable : L'Eglise de Nôtre-Dame du Pilier ou *Nostra Señora del Pilar*, est fort frequentée par les Pelerins : Cette Ville a produit plusieurs Grands Hommes ; & a été arrosée par le sang de quantité de Martirs : Le Pape Jean XXII. rendit son Eglise Metropole, en y fondant un Archevêché en 381.

LA VILLE DE TARRAGONE.

Tarragone ou *Tarracone*, en Latin *Turiaso*, se trouve située sur la Riviere de Ruejos ; c'est un Evêché Suffragant de Saragosse.

LA VILLE DE HUESCA.

Huesca, en Latin *Osca-Illergetum*, avec le Titre d'Evêché, Suffragant autrefois de

Tarragone, & maintenant de Saragosse. Sertorius, au raport de Plutarque y avoit établi une Academie pour l'éducation de la Jeunesse ; on ne doit point confondre cette Ville avec *Huesca*, Duché, dans la Castille Nouvelle, vers les confins des Royaumes de Grenade & de Murcie : En 598. on y tint un Concile pour regler les Assemblées Synodales.

LA VILLE DE JACCA.

Jacca est une Ville dans la partie Septentrionale de l'Arragon, avec une Citadelle & un Evêché, Suffragant de Saragosse.

LA VILLE DE BALBASTRE.

Balbastre, en latin *Balbastrum*, ou *Balbastum* ou *Belgida*, est sur la Riviere de Cinga, avec le Titre d'Evêché, Suffragant, sous le Regne de Pierre I.

LA VILLE D'ALBARAZIN.

Albarazin ou *Albaracirs*, en Latin *Lobetum* ou *Albaracinum* ou *Turcia*, se trouve située sur une Montagne, avec le Titre d'Evêché, Suffragant de Saragosse.

LA VILLE DE TERVEL.

Tervel, que les Latins appellent *Julcis* vel *Turuclium*, est sur la Riviere de Guadalaviar, avec le Titre d'Evêché, Suffragant de Saragosse.

SECTION X.

La Navarre, *Navarra*, aut *Cantabria*.

CE Païs tire son nom de *Navas* ou plaine en Espagnol, & *d'Erria* ou Terre, en Basque; c'est-à-dire, *Terre plaine*; cependant ce Païs est raboteux & plein de Colines, & cette Etimologie ne lui est pas bien conforme: on ne parle ici que de la haute Navarre, & non pas de la basse, qui regarde la France; elle est bornée au Nord par les Pirenées qui la separent de la France; au Sud-Est & au Midi par l'Arragon, au Sud-Oüest par la Castille vieille, & au Nord-Oüest par la Biscaye, dont elle est separée par des Montagnes; son etenduë du Sud au Nord-Est d'environ 40. lieuës, & de l'Oüest à l'Est de 34.

L'Air y est fort temperé & fort sain, il y croît en quelques endroits assez de bled & de vin; mais ailleurs il n'est guere propre que pour des pâturages: on y trouve toute sorte de gibier & des bêtes fauves, ses principales Rivières sont *l'Ebre*, *Arragon*, *l'Arga & l'Egla*, ces trois dernieres grossissent l'Ebre de leurs eaux. On divisoit autre-fois ce Royaume en cinq Regions ou *Merindades*; c'est-à-dire, *Merindade*, *de Pampelona*, *Merindade Olite*, *Merindade de Sanguesa*, *Merindade de Stella & Merindade*

de Tutela, aujourd'hui on la divise en haute
& basse Navarre.

On y re-
marque
{
Pampelune Evêch. Cap.
Sanguessa.
Lerin, Comté.
Tudela.
Estella.
Olite.

LA VILLE DE PAMPELUNE.

La Ville de Pampelune, *Pampilona*, aut
Pompelo, *Pompejopolis*, est sur la Riviere
d'Arga, avec Evêché, Suffragant de Burgos;
on croit que Pompée la fonda, elle a été
autre-fois la Capitale des Gascons. Charlemagne l'a prit, & en fit abâtre les murailles
en 778. Philippes II. y fit bâtir une Forteresse, telement qu'aujord'hui elle est fortifiée de bons Bastions, & défenduë de
deux forts Châteaux; entre cette Ville &
St. Jean de Pied-de-Port dans la basse Navarre, est située la valée de *Roncevaux*, où
l'on dit que l'Armée de Charlemagne fut
défaite par les Sarrasins, qui l'avoient fait
tomber dans leur Embuscade par la Tra-
hison de Ganelon, en 1032. on y tint un
Concile, où Ponce Evêque d'Oviedo pre-
sida, pour y rétablir son Prélat, que les
courses des Barbares avoient obligé de se
retirer dans le Monastere de Leira dans les
Pirenées; le Cardinal Bessarion Evêque de
cette Ville en tint un en 1459. &c.

SECTION

SECTION XI.

La Castille Vieille, *Castilia Vetus*, aut *Celtiberia*.

CEtte Province est ainsi appellée à cause que les Chrétiens la reconquirent la premiere sur les Mores ; elle est bornée à l'Orient par la Navarre & l'Arragon ; au Septentrion par la Biscaye & l'Asturie ; au Couchant par le Royaume de Leon , & par une partie du Portugal , & au Midi par la Nouvelle Castille ; elle est entre le 40. & 42. dégrez , 54. min. de latitude , & entre le 14. dégré & le 17. dégré de long. ce qui fait du Sud au Nord , environ 80. lieües , & 50. de l'Oüest à l'Est : L'air y est moins sain qu'en la Nouvelle Castille, aussi-bien que le Terroir moins fertile en grains & en vins ; sa plus grande fertilité est en pâturages ; on y nourrit quantité de Bestiaux : aux environs de Segovie on voit beaucoup de brebis dont la laine est très-fine & d'un grand revenu : Ses Riviéres les plus remarquables , sont l'*Ebre* , le *Duero* qui y prennent leurs sources , le *Puiserga* & le *Tormes* , qui en sortent aussi.

On y re- { *Burgos*, Archev. Capitale.
marque { *Valladolid*, Evêché.
{ *Calaherra*, Evêché.

Q

{ *Placentia*, Evêché.
{ *Coria*, Evêché.
{ *Avila*, Evêché.
{ *Ofma*, Evêché.
{ *Segovia*, Evêché.
{ *Lerma*, Duché.
{ *Frias*, Duché.
{ *Soria*, Cité, &c.

LA VILLE DE BURGOS.

La Ville de Burgos, *Bravum*, aut *Burgum*, aut *Marburgum*, eſt au 41. dégré de latitude, & au 15. & dégré 36. min. de longitude : cette Ville eſt ſur l'*Arlanca*, avec Archevêché, érigé par le Pape Gregoire XIII. ſituée ſur le panchant d'une Coline, avec un Château aſſez fort ſur le ſommet : Cette Ville eſt grande & marchande, mais mal bâtie, & ſes ruës ſont fort étroites ; ſa Cathedrale eſt remarquable, & l'Abbaye de *Las Huelgas* hors la Ville, il y a toûjours 150. Religieuſes, Filles de Princes ou de Grands Seigneurs ; l'Abbeſſe eſt Dame de 17. autres Convents, de 14. Villes & de 50. Bourgs ou Villages, dont elle élit les Gouverneurs & les Magiſtrats, & diſpoſe de 12. Commanderies ; il y a encore un Hôpital Royal qui a 80000 livres de rente.

LA VILLE DE VALLADOLID.

La Ville de Valladolid, *Vallis Oletum*,

aut *Pintia*, est sur les agréables bords de la *Puiserga*, dans une très-belle plaine : les Rois d'Espagne y ont fait autrefois leur séjour, particulierement Philippe IV. lequel y fit bâtir un magnifique Palais avec de beaux Jardins.

LA VILLE DE CALAHORA.

Calahora, en Latin, *Calagurris*, a le Titre d'Evêché, Suffragant autrefois de Tarragone, & aujourd'hui de Burgos : cette Ville est située sur l'*Ebre*, qui y reçoit la Riviere de Cidaers de Castiglia. l'Evêché de la Calzada fut uni à celui de Calahora en 1236. Quintilien, & Prudence étoient natifs de Calahora.

LA VILLE DE CORIA.

Coria, en Latin, *Cauria*, *Caurium*, ou *Caurita*, est située sur la Riviere d'Alagon, à 6. ou 7. lieuës au-dessus de son embouchure dans le Tage, & à 4. ou 5. lieuës des frontieres du Portugal : c'est un Evêché, Suffragant de Compostelle, & autrefois de Merida.

LA VILLE DE PLAISANCE.

Plaisance, ou *Placentia*, est une Ville située sur les montagnes, audessus d'une éminence, avec un fort Château : c'est un Evêché, Suffragant de Tolede.

LA VILLE D'OSMO.

Osmo, ou Osma, en Latin, *Oxama*, *Oxama*, ou *Uxuma*, est une Ville ruinée, avec le Titre d'Evêché, Suffragant de Burgos; on y voit tout auprès des mazures de cette Ville, un Bourg que les Espagnols appellent *Burgo-d'Osma*.

LA VILLE DE SEGOVIE.

Segovie en latin *Segovia* est située au pied de hautes Montagnes sur le bord d'une petite Riviere, avec Titre d'Evêché, Suffragant de Tolede; on la divise en haute & basse; on y fait des draps très-estimez; on dit aussi communement, laine & drap de Segovie; on y voit une belle Place, un Château très-fort & un lieu où l'on bat la Monoye. Il y a encore une autre Segovie ou *l'aguion*, que les Espagnols appellent *Segovia nueva*, Ville de l'Isle de Luçon une des Isles Philipines en Asie, avec Titre d'Evêché, Suffragant de Manilhe.

LA VILLE D'AVILA.

Avila, qu'on nomme en Latin *Abula*, *Arbaoula*, ou *Albicella*, est sur l'Adaja, avec Titre d'Evêché Suffragant de Compostelle: Cette Ville est celebre par la Naissance de Sainte Therese, elle est située presque au pied des Montagnes, qui portent le Nom d'Avila, *Sierras d'Avila*, il y a une autre Ville

Ville de ce Nom fur la Riviere de Napo dans le Perou, du côté de Quito dans la Province de Lofquixos.

SECTION XII.

La Caftille Nouvelle, *Caftilia Nova.*

CEtte Province, qui portoit autre-fois le Nom de Royaume de Tolede, ou de Caftille, comprend l'Eftramadure qui en fait la partie Occidentale; c'eft la plus grande Province d'Efpagne; elle eft fituée aux environs du Tage & de la Gaudiane, ayant au Septentrion la Caftille vieille; à l'Orient les Provinces d'Arragon & de Valence; au midi celles de Murcie, de Grenade & d'Andaloufie, & au Chouchant le Portugal; elle eft entre le 37. degré 42. min. & le 40. degré 48. min. de latitude, & entre le 12. degré & le 18. degré 24. min. de longitude; ce qui fait du Sud au Nord environ 80. lieuës & 110. en y comprenant l'Eftramadure; l'air y eft bon; on manque d'eau; il y pleut affez rarement; les valées s'y trouvent très-fertiles en bled, vin, fruits, fafran; elles nourriffent quantité de beftiaux, il y a des mines de fel; les poiffons de la Gaudiane ne font pas bons, & on n'en mange point : Ses Rivieres les plus remarquables font, *le Tage*, *la Gau-*

R

diane, la Source du *Guadulquivir*, & le *Xucar*, la *Tayune*, la *Xamare* & la *Gaudrama*: On divise cette Province en quatre petits Païs, *l'Algarie* au Nord du Tage. *La Mancha* au Sud de la même Riviere, la *Sierra* vers l'Orient, & l'*Estramadure* vers l'Occident, qui en étoit auparavant separée.

On y remarque particulierement

- *Madrid*, Cap. Royale.
- *Tolede*, Arch.
- *Cuenca*, Evêch.
- *Ciudad Reale*, Evêch.
- *Siguença*, Evêch.
- *Huesca*, Duché.
- *Alcala de Henares*, Cité.
- *Calatrava*.

LA VILLE DE MADRID.

La Ville de Madrid, *Madritum*, aut *Matritum*, aut *Madridium in Carpetanis*, est sur la petite Riviere de Manzanares; elle s'est agrandie par la rüine de la Ville, *Mantua Carpetanorum*, depuis que Philippe II. & ses Successeurs y ont fait leur séjour, elle est devenüe la Capitale de tout le Royaume: Cette Ville est assez grande, mais est mal propre, on y considere le Palais du Roy, *Palasso del Rey*, Nostra Señora del Almudena, l'Eglise de St. Sebastien, la Maison de Ville, le Palais apelle *il Consistorio*, la Place aux Courses des Taureaux, & elle n'est en-

tourée que d'une petite muraille sans fossez :
On voit aux environs de cette Capitale
du Royaume, le Convent des Jerônimites,
& le Palais de *Elbuenretiro*, qui sont celebres.

LA VILLE DE TOLEDE.

La Ville de Tolede, *Toletum il Carpeta-*
nis, est sur le Tage, ou Taye avec Université,
Archevêché & Primatie des Espagnes ;
c'est un Rocher separé des hautes Montagnes par le Tage, la cime est une espece
de Plate-forme, où sont la Place, l'Eglise
& le Château ; tout le reste est couvert de
Maisons ; la Métropole, le Palais de l'Archevêque, & celui que Charles V. fit bâtir sont fort remarquables. Alfonse VI. le
vaillant la conquit sur les Mores en 1085.
l'Archevêque est Seigneur de 17 Villes,
ou gros Bourgs, & de quantité de Villages
qui lui portent un gros revenu. Tolede a
été la Ville Royale, & puis le séjour des
Roys Visigots & de quelques Mores ; on y
a tenu divers Conciles au nombre d'environ 25. la qualité que les Espagnols donnent
à cette Ville, c'est de l'apeller l'ancienne.

LA VILLE DE CUENCA.

Cuenca en Latin *Concha*, est située sur une
Coline entre deux Riviéres, & de hautes
Montagnes, avec Titre d'Evêché, Suffragant
de Tolede ; on croit que c'est l'ancienne *Va-*
lerie, laquelle ayant été détruite par les

R ij

Mores, Alfonse IX. la rétablit, & par l'autorité du Pape Luce III. il y établit un Evêque.

LA VILLE DE CIUDAD-REAL.

Ciudad-Real se trouve située près de la Rive gauche de la Gaudiane, entre Cala-trava & Almageo, dans une plaine extrémement fertile; mais on y manque de bonne eau: Cette Ville est grande & peu peuplée; c'est un Evêché Suffragant de Tolede.

LA VILLE DE SIGUENZA.

Siguenza, en Latin, *Seguentia* ou *Segontia*, se trouve située sur la Riviere de Ha-nares & au pied du Mont-Atienca, avec Titre d'Evêché, Suffragant de Tolede; il y a un College fameux: on y voit encore une Forteresse & un Arcenal.

SECTION XIII.

Le Royaume de Leon, *Legionense Regnum*.

CEtte Province est bornée au Levant par la Castille, au Septentrion par l'Astu-rie, au Couchant par la Galice & le Por-tugal, & au Midi par la partie de la Cas-tille nouvelle, qu'on appelle Estramadure: elle s'étend depuis le 39. degré 36. minut.

jufqu'au 42. dégré 42. min. de lat. & depuis le 13. dégré jufqu'au 15. dégré 12. min.
de long. ce qui fait du Sud au Nord envi-
ronr 60. lieuës, & 40. du Couchant au Levant. Ce Païs fe reffent beaucoup de la
Montagne; l'air y eft bon & temperé, le
terroir y eft plus fertile en bled qu'en vin,
on y trouve de Turquoifes près de *Zamora*,
il n'eft point de Riviere qui produife tant
de Truites que celle de Torto : il y a près
de Salamanque une Source d'eau chaude
qui guerit de la gale & de plufieurs autres
maux : fes principales Rivieres font, *Le Due-*
ro, *Torto-Pifuerga*, *Tormes*; la premiere de
ces quatre Rivieres la divife en deux.

On y re-
marque

- *Leon* Evêch. Cap.
- *Ciudad-Rodrigo*, Evêch.
- *Aftorga*, Evêch.
- *Palencia*, Evêch.
- *Zamora*, Evêch.
- *Salamanca*, Evêch.
- *Toro*, Evêch.
- *Benavente*.
- *Alva*,
- *Medina del Campo*.
- *Tordefillas*.

LA VILLE DE LEON.

Leon, *Legio Germanica* eft dans la partie Septentrionale de cette Province, avec

Evêché, Suffragant de Compostelle : l'Eglise Cathedrale est estimée la plus belle d'Espagne, Pelage Roy d'Oviedo, conquit
Leon sur les Mores en 722. Ses Successeurs
s'appellerent Rois d'Oviedo jusqu'à Or-
duno II. qui prit le Titre de Roy de Leon.

LA VILLE DE SALAMANQUE.

Salamanque, *Salamantica*, est sur la Riviere de Tormes, avec Evêché, Suffragant
de Compostelle, est une Université des plus
celebres du Royaume ; on appelle cette
Ville, la Sçavante, & on y remarque tout
ce qui peut rendre une Ville considerable;
outre la quantité de fontaines, de places,
de beaux édifices, & des Eglises très-
magnifiques : on y distingue particulierement le Bâtiment qu'on appelle les *Ecoles*,
où l'on enseigne toutes sortes de Scien-
ces; c'est le plus considerable : le premier
appellé *les Grandes Ecoles*, renferme une
grande cour quarrée, environnée de belles galeries qui sont soutenuës par des
arcades où l'on entre dans les Classes ;
au-dessus des galeries est la Bibliotheque,
composée d'une quantité prodigieuse de
livres, attachez avec de petites chaines de
fer, entourée d'un grand nombre de sta-
tuës, representant les plus Grands Hommes qui ont écrit, avec plusieurs sortes
de figures d'Anatomie, & l'Eglise des Ecoles se trouve sous les galeries, qui est

très magnifique. Huit Profeſſeurs en Theo-
logie qu'on appelle *Cathedraticos* , enſeignent tous les jours , quatre le matin &
quatre le ſoir , ayant chacun mille écus
de gages : outre ces huit Profeſſeurs , il
y en a d'autres de la même Faculté qui
enſeignent chacun la Matiere qui lui pa-
roît la meilleure , enſeignant en differentes heures , & ayant chacun cinq cens
écus de gages : il y a deux Chaires fon-
dées ; l'une pour la Doctrine de Durand,
& l'autre pour celle de Scot : il y a encore
d'autres Docteurs , qui bien qu'ils ne ſoient
point rentez de l'Univerſité , ne laiſſent
pas d'enſeigner tous les jours comme les
autres : on les nomme *Pretendentes* , atten-
dans à quelque Chaire vacante pour s'y
preſenter : On obſerve la même choſe pour
le Droit Civil , & pour le Droit Canon ;
pour la Medecine , pour la Philoſophie ,
pour les Mathematiques & pour toutes les
Langues ; de ſorte que l'on y compte environ 80. Profeſſeurs qui font des Leçons
publiques tous les jours ; ce qui y attire
des Ecoliers de tous côtez , & rend cette
Ville fort marchande & très-conſiderable

LA VILLE DE CIUDA-RODRIGO.

Cieuda-Rodrigo , ou *Mirobiga* , eſt ſituée ſur la Riviere d'Agujar , vers les
frontieres de Portugal , avec Titre d'Evê-

ché, Suffragant de Compostelle. Ferdinand
II. Roi de Leon fit bâtir vers l'an 1200,
cette Ville fur les ruines de l'ancienne
Mirabriga pour fervir de rempart contre
les Portugais.

LA VILLE D'ASTORGA.

Aftorga, ou Aftorgue, que les Latins
nomment *Afturica Augufta*, ou *Aftursum
Cimantonorum*, eft fur la Riviere de Torto,
avec Titre d'Evêché, Suffragant autrefois
de Brague, & aujourd'hui de Compostelle,
elle eft affez bien fortifiée, dans une plaine;
il y a peu d'Habitans; on n'y trouve rien
de confiderable que quelques Tours, une
Place & l'Eglife Cathedrale.

LA VILLE DE PALENCIA.

Palentia, en Latin *Palantia* ou *Pallantia*,
ou *Palentia in vaccœis*, eft un Evêché, Suffragant autrefois de Tolede & maintenant
de Burgos : elle étoit anciennement une
Ville fort confiderable, mais elle ne l'eft
plus.

LA VILLE DE ZAMORA.

Zamora eft un Evêché, Suffragant de
Compostelle : Le Pape Calixte II. y établit
ce Siege Epifcopal en 1200, à la priere du
Roi Alphonfe VI.

SECTION

SECTION XIII.

Les Isles d'Espagne, *Insulæ Hispaniæ.*

LES Isles qu'on appelloit autrefois *Baleares*, portoient le Titre de Royaume, & sont maintenant des dépendances de l'Espagne; elles se trouvent situées à l'Orient du Royaume de Valence.

On en remarque quatre.

Maiorque.	Maiorque, Evêché.
	Alcudia.
	Solari.
Minorque.	Port-Mahon.
Yvice.	Citadella.
Fromentera.	Yvica.

L'ISLE DE MAIORQUE.

Maiorque, *Majorica*, est la plus grande de toutes les Isles, entre Minorque & Yvice ou Evisse, & entre le 22. & le 23. dégré 18. min. de longitude, & depuis le 38. dégré jusqu'au 48. min. de latitude elle a environ 22. lieuës d'Occident en Orient & 16. du midy au Septentrion & près de 60. de circuit: Cette Isle est fort riche; on y fabrique presque toutes les Reales d'Espagne, elle est entourée de montagnes vers les Côtes; le Vice-Roi de ces Isles se tienent à Maiorque Capitale de celle-ci: Les Ha-

S

bitans font de grands Pirates ; C'étoient les *Cimmacies* ou *Baleares* des Anciens ; elles forment aujourd'hui un Royaume appartenant à l'Espagnol Comme Roi d'Arragon : il en est forti de Grands Hommes de Lettres, & d'épée, comme Raymond Lulle, le Maréchal d'Ornano, deux Grands Maîtres de Malthe de l'illustre Maison de Cotoner : On y remarque la Ville de Majorque, qui est au Sud-Oüest de l'Isle, avec un Port très-commode, & un Evêché ; c'est une Ville Capitale : Au midy de cette Isle, on voit l'Isle de *Cabrera*, & au Nord-Oüest celle de *Dragonere*.

L'ISLE DE MINORQUE.

L'Isle de Minorque, *Minorca*, aut *Menorca* en Espagnol, est à l'Orient de celle de Maiorque fous le le 23. ou 24. dégré de longitude, le 38. ou 39. de latitude ; fon étenduë du midy au Nord-Oüest est d'environ 15. lieuës, & 8. du Sud-Oüest au Nord-Est, & 36. de circuit : elle abonde en gros bêtail, en Mulets & en bois ; *Citadella* en est la Capitale, ou fuivant quelques Modernes *Porto-Mahon* ou Port-Mahon : on y confidere enfuite le Fort St. Philippe.

L'ISLE D'YVICE.

L'Isle d'Yvice, *Yvica*, est fous le 21. dégré de longitude & le 4⁸. de latitude, à l'Orient du Cap Martin dans le Royaume de Valence, dont elle est éloignée de 14. ou 15. lieuës; son étenduë d'Occident en Orient est d'environ 13. lieuës, & de 10. du Sud au Nord, & de 30 de circuit: elle est très-fertile en bled, vin, fruits; elle fournit du sel à une partie de l'Espagne, de l'Italie & du Piemont: sa Capitale s'appelle *Yvica*; il y a plusieurs Forts, comme *St. Hilario Magno* vers les Côtes du Sud-Oüest, & au Nord-Est, sont les petites Isles de *Beleran & Conillere*.

L'ISLE DE FROMENTERA.

Pour ce qui concerne l'Isle de *Fromentera* ou *Formentera*, que quelques-uns croyent être l'*Ophiusa* des Grecs, elle est au midy de celle d'Yvice; elle est inhabitée à cause du grand nombre de Serpens qu'il y a.

Je ne sçaurois, MONSIEUR, assez vous d'écrire par un long détail, toutes les situations agréables des Villes d'Espagne, & tous les avantages que le naturel du Païs donne à leur Climat: Je finis cette Lettre en vous assurant, que cette Monarchie, telle que je vous la décris par cette Lettre, en abregé & en Sections, est encore très-considerable: Je vous dirai comme autrefois les Rois d'Espagne; & c'est même depuis peu de tems qu'ils possedoient en Europe des Estats; & qu'ils ont cedé dans l'Italie les Royaumes de Naples, de Sicile & de Sardagne, le Duché de Milan, le Marquisat de Final, Orbitello : ils étoient Maîtres d'une considerable partie des Pais-Bas : le Roy d'Espagne, a encore la protection de Piombin, & de Portolongone dans l'Isle d'Elbe : Il jouit de l'Isle Pantalerée, des Places d'Oran, de Ceute, de Marfalquivir, de Mellille, de Penon, de Velez, de Mahomore & de Larache, sur les Côtes de Barbarie : la plus grande partie de l'Amerique dépend de lui ; comme les Canaries à l'Occident de Biledulgerid, & les Isles Philippines en Asie vers l'Orient. Ce qui a fait dire à quelques Rois d'Espagne, que le Soleil n'étoit jamais chouché sur leurs Terres, à cause qu'ils en ont dans toutes les Parties du Monde.

Voilà en précis, Monsieur, tout ce que j'ai pû recueillir dans l'étude que j'ai fait de cette Monarchie ; je souhaitte que cette derniere vous fasse quelque plaisir, & qu'elle vous desennuye ; si je puis à l'avenir, découvrir autre chose digne de votre curiosité, j'aurai soin de vous en informer le plus exactement qu'il me sera possible par le desir que j'ai de vous être utile : Je suis, &c.

A Madrid ce 1. Août 1717.

FIN.

TABLE

DES LETTRES

Contenuës dans cet Ouvrage.

VEU les Lettres ci-deſſus, Nous conſentons qu'elles ſoient Imprimées. A Beziers ce dix-ſeptiéme Mars mil ſept cens vingt-neuf.

TINARDY, Proc. du Roy.

NOUS Lieutenant General, Juge Mage & Premier Preſident Preſidial au Senéchal, & Siege Preſidial de Beziers ; après avoir lû, les huit Lettres ci-deſſus, n'y avons rien trouvé de contraire aux interêts de Sa-Majeſté & du Public ; c'eſt pourquoi Nous en avons permis l'Impreſſion. A Beziers ce dix-ſeptiéme Mars mil ſept cens vingt-neuf.

LENOIR, Pr. Preſident.

www.ingramcontent.com/pod-product-compliance
Lightning Source LLC
Chambersburg PA
CBHW052124090426
42741CB00009B/1947